U0113786

纵横精华·第三辑

刘未鸣 韩淑芳 主编

老店老馆
不老情

中国文史出版社

《纵横精华》编辑委员会

主　编：刘未鸣　韩淑芳

执行主编：金　硕

编　委：全秋生　孙　裕
　　　　李军政　胡福星

目 录

闻名遐迩的"中华老字号"

崔金生[*]

北京不仅有各个历史时期留下的文化名胜古迹，而且还有一些闻名遐迩的老字号。据有关部门统计，通过国家认定的"中华老字号"全国有 2000 多家，集中在餐饮、食品、医药等行业，其中仅北京百年以上的老字号就有 100 余家。不少著名老字号至今依然熠熠生辉。

六必居

六必居酱园是北京最老的字号之一，开业于明朝中叶，迄今为止已有 400 多年历史。这家酱园是山西省临汾西杜村的赵存仁、赵存义、赵存礼兄弟三人开创的，当时只是一家杂货铺。赵氏兄弟没什么高深的学问，但他们说人们生活中必不可少的有七件事，即柴、米、油、盐、酱、醋、茶。杂货铺除了不卖茶叶，其他六件必需品都卖，因此起名六

* 崔金生，中国作家协会会员。

必居。专门制作酱菜，那是后来的发展。

关于六必居的字号来源就有不少传说，有的说这家买卖是六个人合作的，托人请严嵩（1480—1567）题匾。当时严嵩写的"六心居"，写后一想六条心怎能合作？于是提笔又在"心"字上添了一笔，成为"六必居"。也有的说六必居原来卖酒，在酿酒过程中要做到六个"必"，即"黍稻必齐，曲蘖必实，湛之必洁，陶瓷必良，火候必得，水泉必香"，因此称六必居。还有人说六必居是六个寡妇开办的，议事时必须六个人一起研究，少一个人都不行，因此叫六必居，等等。这些传说反映人们对老字号充满感情。

六必居的传统产品是：稀黄酱、甜酱瓜、甜酱甘螺、甜酱包瓜、甜酱黄瓜、甜酱八宝菜、甜酱什香菜等 12 种产品，这些自产的产品色泽鲜亮、味道浓郁、脆嫩清香，不仅在北京，在国内外都享有盛名，凡来北京旅游的人大都要到六必居购买各种酱菜送给亲朋。过去六必居的酱菜，皇宫御膳以及像蒋介石、傅作义、温寿泉等名人权贵设宴都要用。无论在新中国成立前后，大凡酱菜评比，六必居总是夺冠。在"文革"中，"六必居"一度被迫改名"红旗酱菜厂门市部"。1972 年日本首相田中来我国访问时问周总理："你们北京有个六必居？"周总理回答："有。"第二天就通知有关部门，把六必居老匾挂了出来。今天的六必居总是顾客盈门，几乎全国各地菜市场都有代售。

内联升

北京前门外大栅栏是老字号扎堆的地方，同仁堂（开业于 1669 年）、瑞蚨祥、内联升、马聚源、张一元、步瀛斋等，都是百年以上老字号。过去北京有民谣："头戴'马聚源'，脚踩'内联升'，身穿'瑞蚨祥'，腰缠'四大恒'。"前三句中的三家老字号都集中在大栅栏这条街上。其中内联升鞋店开业于清咸丰三年（1853 年），创始人是河北省武清县的赵廷。他起老字号时，就定下了经营方向和服务对象。他说："若想赚大钱，就要从坐轿人身上打主意，跟抬轿的再打算盘，也抠不出一个元宝来。"

"内联升"这个名称，包括了经营方向，听起来又非常吉利。"内"字指的是清朝的宫廷，俗称"大内"。这个"内"字是标榜这家鞋店非同寻常，是供奉大内用的一家鞋店。"联升"取"连升三级"之意，这就迎合了官场求功名利禄的愿望，于是很快兴隆起来。他们藏有"履中备载"，上面记载了当时官僚靴鞋的尺寸，使贵客免去询问上司脚足的尺寸，可谓用心良苦，因此店名大振，成了钻营者晋见上司的敲门砖。在礼品中有这么一双款式合适的靴鞋，以解显贵足下之需，真是善体上情，博得赏识，以为日后飞黄腾达创造条件。

内联升的鞋工精物美，独具特色。新中国成立前后他们出产的千层底布鞋非常有名，还有深受老人喜欢的"老头乐"棉鞋、群众欢迎的直脚鞋等。毛泽东、刘少奇、周恩来、朱德等老一辈政治家都爱穿内联升的布鞋。1962 年秋，郭沫若亲笔为内联升书写牌匾，并赋诗一首，其中有："凭谁踏破天险，助尔攀登高峰。志向务求克己，事成不以为功。"

后来的内联升建起高楼，鞋的品种样式达百种之多，购鞋顾客满堂。内联升还在楼上创办了鞋文化展览，呈现各个时期流行的鞋样品，颇受人们欢迎。不少人买内联升一双鞋作为来京纪念品。

都一处

"京都一处共传呼"的都一处饭馆，坐落在前外大街路东，乾隆三年（1738 年）开业，开业时门店没有字号，只是门前悬一酒葫芦，上写"李记"二字。因为地处众多名店之中，竞争不过人家，就专做人家不做的买卖，比如大年三十晚上，商家都休息了，李记照常营业。年关三十，有两种人在街面上，一种是躲账的，另一种是要账的，李记只做他们的生意。或没地方去，或走累了，到这里喝点酒解乏、解闷。有一年的三十夜，李记来了饮酒的一主二仆，客主文士打扮，伙计热情招待，由于酒味浓香，小菜可口，主人问："你们这个酒店叫什么名字?"伙计说："还没有名字。"客主看看周围，听听外面夜寂无声，已过亥时，不由感慨地说："这时候没关店门的，京都就你们一处了，就叫都一处吧!"事后不到一个月，忽一天来了十几名太监给李家酒店送来一块"都一处"的虎头匾。这时他们才知道年三十夜晚来喝酒的一主二仆中那主人就是乾隆皇帝。这事轰动京城;从此生意兴隆，成为尽人皆知的名馆子。开始"都一处"还是卖酒菜，到同治年间增加烧卖，做的皮薄馅满味美，很快就红火起来。后来又增加炒菜。1964 年扩大了店堂，可同时接纳200 多人就餐。来这里吃饭的客人，既有广大群众，又有社会名流。1965 年春天，郭沫若同夫人于立群来这里吃饭，饭后与经理、职工攀谈起来。郭老问他们乾隆写匾的事。经理对郭老说："这块虎头匾只能挂在店堂里，可是我们店门口还没有匾。"说到这儿就不好往下说了。郭老见他们欲言又止，就明白了他的意思，爽快地说："我给你们写吧，可不如皇帝写得好啊!"经理非常高兴地说："那可好啦，我们有好几次想请您写，不好意思跟您说。"没几天，郭老就让经理到自己家，把写好的"都一处"三个大字拿了回来。郭老运笔豪放雄健，给都一处增色不少，此匾一直悬挂于店外。

都一处在改革开放后有了新的发展。他们还在店堂的门前，塑造了乾隆皇帝为都一处写匾的造型，引来不少游人食客，成为京城老字号的一道风景。

王麻子

清《帝京岁时纪胜》一书中的"皇都品汇"篇中,记下了当年的老字号,其中有王麻子剪刀铺、同仁堂丸散膏丹店等多家字号。直到现在,这些老字号仍闪耀着光彩。

顺治八年(1651年)王麻子剪刀杂货铺开业于宣武门外的菜市口。店掌柜是山西人,满脸麻子,他专收民间质量好的剪刀,将最好的剪刀拿到柜上出售,该店以剪刀好出了名,人称"王麻子剪刀铺"。后来,王麻子不仅在北京而且在中国出了名,不少人到京,都到这里买剪刀赠送朋友。嘉庆二十一年(1816年)由王麻子后代正式挂出"王麻子剪刀铺"的招牌,改为以经营刀剪为主,在所购的剪刀上刻有"王麻子"三字作为标志。

由于王麻子剪刀铺在顾客中有很高信誉,人们非王麻子剪刀不买,同行业在质量上又争不过,于是就冒名顶替,从王麻子享有盛名起,这种鱼目混珠的不正当竞争就没有停止过,而且愈演愈烈。

开始时附近的同行挂起了"汪麻子""万麻子""石麻子"等招牌,俗称"四麻铺"。有的人见剪刀上有"麻子"二字就买,结果上了当。于是当时有首竹枝词道:"刀店师傅本姓王,两边更有万与汪。请公拭目分明认,头上三横看莫慌。"意思是别买错了。

清末民初,一直到新中国成立初期,北京相继出现了越来越多的"王麻子"刀剪铺,有的还称"老王麻子""三代王麻子""祖传六代王麻子""真正王麻子"等。又有一首竹枝词写道:"纷纷刀剪铺如麻,认取招牌有数家。外客欲将真货买,不知谁是老王麻。"

针对以上情况,王麻子剪刀铺重建整修了门面,以示生意兴隆,非假王麻子可比。因此,当时又传出一首竹枝词:"剪刀自昔冠当行,老铺何须耀外装，偏为许多麻子逼，近来门面甚辉煌。"可见竞争之盛。

为了超过对手，新中国成立前后，他们对剪刀质量更加严格要求，在剪刀锋刃上要做到 409 层布一刀剪开；大头针、曲别针一剪两段；剪丝绸绒缎，一剪子到底，毫不挂丝。因此，王麻子剪刀在同行业中始终居于领先地位。

如今的王麻子剪刀厂，不仅保持了王麻子剪刀的传统特色，而且从剪刀样式到钢口都有提高，被人称为"黑老虎"的王麻子剪刀在同行业评比中一直名列前茅，深受广大民众喜爱，在北京等地，出现了众多王麻子剪刀经销部，每天接待闻名而来的广大顾客。

不少老字号行里称：做的是"字号活儿"，都强调自己工作上不能丢手艺，不能丢人。这些百年以至数百年的京华老字号，其价值就在于品牌的无形价值，以及"货真价实，童叟无欺"的良好商业信誉。

老字号本身就是一种具有独特魅力的文化资源，有着深厚的文化积淀。比如，北京城里每年到春节前，"稻香村"糕点门市部就排长队，元宵节的元宵，从大年初一就开始热卖，正月十四、十五两天，顾客往往要排两三个小时的队才能买到，有的顾客站累了，就坐在自带的小板凳上等候，都说："稻香村的元宵都卖疯了！"京城有的报纸记者抓拍了排长队买元宵的照片，那才叫红火，送礼要不送老字号的礼品，就像对不起亲戚朋友似的。

驰名京华的食品店

在西城不仅有众多的、远近闻名的老字号，还有不少食品店，这数家食品店，驰名京华。至今提起它们的食品，一些老北京还是啧啧称赞。

恒瑞老号是名扬京城的肉食老店。清光绪十六年（1890 年）开业，创办人姓马，原址在西单牌楼二道街，字号为"恒顺公"，后迁至报子胡同口，易名为"恒瑞老号"。

恒瑞老号出售的酱牛肉是北京特味食品之一。他们选用鲜嫩牛肉，辅以砂仁、豆蔻、丁香、肉桂、大料、小茴香酱制而成，只要从门前一过，香气袭人，不少顾客云："只要从这里走，就得进店购买，不然就走不过去……"这儿的酱牛肉随煮随卖，烂而不碎，肉质鲜嫩可口，呈红色，酱味浓郁，味美色佳，只要吃上一次，不久就会再买，来的都是回头客。

景泰轩是一家酒店，清末开业，位于白塔寺前边，旧称老虎洞（今宫门口东岔）。这里有一道出名的下酒菜——兔脯。店家将买到的兔子进行加工，将兔肉先凝成肉冻，再做成兔脯，供喝酒人做下酒菜。其味鲜美无比，胜过鸡肉，以此下酒，喝二两的能喝四两，浓香满口，非常受欢迎。店铺里高朋满座，有时还须等座位。每逢秋冬更是旺季，当年北京每年九月九日，有吃兔肉的习俗，专门到这里买兔肉的人都排队。从清末到民国，景泰轩的兔脯，在北京家喻户晓，不少人到这里喝点黄、白酒，佐以兔肉一饱口福。

耳朵眼儿的灌肠也是远近闻名。"耳朵眼儿"不是指炸糕，是形容店铺小，却是当年北京卖灌肠最有名的店铺。别看门脸不大，这里的大灌肠是真正地道、物美价廉的真品。其店在西单大街，清末开业，开业不久，就响遍京城。他们做的大灌肠，是用猪肥肠加面粉和调料制成，不是现在用淀粉加调料制成灌肠。这里的灌肠作料齐全，煮得不软不硬，烙的火候合适，不皮不老，吃在嘴里外焦里嫩，又脆又香。这东西不仅是下酒的好菜，又能充饥，也可以当菜吃，因此，买者盈门，走红京城，一直到公私合营后还非常红火。

和成楼是一家肉食店，1929 年开业，位于地安门大街。由于是四家合股经营，所以取名"和成楼"。开业一段时间后，由一姓谭的老板独自管理，主要制作各种熟肉品，加工烤、熏、卤、灌等多种熟肉品。新中国成立后，该店由原来的两间门脸扩建为三间，并新增设十多间作坊，还购置新的设备。这里最著名的是猪耳朵。一提起地安门的猪耳朵，京城尽人皆知，那真是色鲜味美，熟烂不碎，皮有弹性，而且价格低廉，深受劳动大众的欢迎。猪耳朵不仅是下酒的菜，也是下饭的佳品——大饼卷猪耳朵，香味无比。

解放前由李国辉、宋季芳夫妇创办的湘蜀特味食品，位于西直门马相胡同西巷。他们专门制作湘蜀味食品，制作精细，选料严谨，调味细腻，以特有的麻、辣、香名冠北京城，深受国内外顾客的称赞。其风味食品主要有江米酒（又名甜酒）、笋豆、湖南豆豉辣椒、陈皮牛肉、油焖桂花肉、四川小香肠、湖南腊肉及麻辣牛肉等。为适应在北京的湘蜀人的口味和市场需要，他们在西单菜市场内开设了一个夫妻食品店，专门制作各种湘蜀味食品。公私合营后，合并到西城肉食加工厂。

如今，这些名店有的已经消失了，有的形式与名称也变化了，但是，它们留给老北京人的记忆是深刻的，仍活在人们的心里……

漫话解放前的北京饭馆

————

崔　瞻

　　北京的饭馆行业，是从清朝才发达起来的。同治、光绪以来，朝政日趋腐败，王公大臣一味追求享乐，声色犬马之外，更耽口腹之欲，大型饭馆就应时而兴，特别是山东饭馆纷纷开设起来。到了民国，前清的王公大臣虽然没落了，但北洋政府的官僚政客又取代了他们的地位。加以北京当时是全国的首都，各地的豪绅巨贾又都麇集此间，这些人中不乏南方人士，为了迎合南方人的口味，南方饭馆特别是江苏馆又都逐渐开设起来。

　　解放前东安市场有个叫"森隆"的江苏饭馆，店主张森隆由苏州初到北京时，不过挑着两个圆笼到南方人家去卖点熏鱼酱鸭等南方卤味，后来发展到在东安市场内摆摊出售南方的小食品，生意很是兴隆。积攒了几个钱，看到南方饭馆有前途，就与友人合伙在东安市场内开起"森隆饭馆"和"稻香村"茶食店来（"稻香村"后改名为"稻香春"）。森隆饭馆鼎盛时期，除卖江苏菜点外，还兼卖西菜和素菜。

　　20 世纪 30 年代前后，具有"森隆"这样规模的南方饭馆，在北京还真不少，大有欲与山东馆争一日长短之势，但曾几何时，南方馆就逐渐式微了。南方饭馆到底敌不过实力雄厚、根深蒂固的山东饭馆。

解放前的北京饭馆，虽然各种类型很多，但以历史久、数量多、规模大而言，应让山东馆居首席。北京是五方杂处的地方，各种类型的饭馆很多，以烹调技术而言，可以说是各有千秋，难分轩轾。不过山东馆菜肴的口味，各省人都可适应，这是它的优点。如四川饭馆的"麻婆豆腐"，北京人就嫌太辣，而山东饭馆的"熘鱼片"，四川人却都能吃。自然，四川人也绝不会认为山东菜比四川菜更合自己的口味，哪省人爱吃哪省菜，这是生活习惯所造成的，是很难改变的。

北京是各省人士荟萃之地，所以各省饭馆林立。但也不是每一省饭馆都有。据我所知，解放前北京就没有湖南饭馆，像"曲园""马凯"等湖南饭馆，都是解放后才有的。解放前在北京的湖南人小酌或举办宴会，都爱到四川饭馆，这是因为四川菜和湖南菜一样，都爱放辣椒。

解放前北京饭馆约略可分为三大类：一、北方饭馆；二、南方饭馆；三、北京本地饭馆。此外还有寥寥数家西菜馆和素菜馆。因篇幅有限，这里只介绍几家有代表性的饭馆。

北方饭馆

北方饭馆，我准备只谈山东、河南两省饭馆。其余如河北、辽宁等省饭馆，北京虽也有，但因为都是小型的，并且也没有几家，就不准备谈了。

北京的北方饭馆，以山东饭馆的历史最为悠久，规模也较大，很多从清朝就开设了，经营者基本上都是山东胶东人。北京最大的饭馆都叫饭庄，饭庄几乎都是山东馆，如解放前西单报子街的聚贤堂饭庄，前门外取灯胡同的同兴堂饭庄，什刹海后海的会贤堂饭庄。类似这样的饭庄还很多，就不一一列举了。这类饭庄都有戏台，供有钱人做寿演戏之用。院内还搭有席棚，不但冬暖夏凉，而且还可以在院内摆席。一般地说，这种饭庄不应临时小卖，专应婚丧嫁娶，喜庆堂会（丧事只是祭奠开吊，并不停棺）。但也有例外，如上面所说的什刹海后海的会贤堂饭庄，在"映日荷花别样红"的夏季里，来会贤堂楼上凭栏赏荷的顾客还真不少呢！不过三五知己，临时小聚，知道这类饭庄的性质，也就自动地不来光顾了。所以北京人把这类饭庄叫作"冷庄子"。此外，还有一类山东饭馆，虽然也叫饭庄，但规模比上述这类饭庄略小，生意却较上述这类饭庄还兴隆，如解放后还一直营业的西珠市口的丰泽园饭庄，八面槽的萃华楼饭庄，西四的同和居饭庄。这类饭庄除包办整桌酒席之外，还应临时小卖，名气比"冷庄子"还大。

现仍开设在西四南大街路西的同和居饭庄，是地道的山东饭馆，这家饭馆在清朝就很有名了。清末妓院都麋集在西四口袋底胡同，这个地方距离同和居很近，王公大臣、贵胄子弟征歌选色之余，都爱就近到同和居吃便饭或参加宴会，因而使同和居出了名。清朝大学士柏葰之孙崇彝所著之《道咸以来朝野杂记》就有这样的记载："……西城则同和居，四牌楼南路西，以其距口袋诸巷妓院近，故终日车马盈门。"

同和居的名菜如葱扒乌参、醋椒鱼、贵妃鸡等名扬京城，脍炙人口。后来宣武门外北半截胡同的一家老牌山东饭馆广和居迁到了西长安街，改名为广和饭庄，20世纪30年代停业后，有几种名菜如潘鱼、江豆腐、江瑶柱肚块等都转移到了同和居，过去广和居的老顾客也都闻风而来，同和居的生意更加兴隆了。

过去溥仪之兄溥儒，就是同和居的老顾客。北京沦陷期间，溥儒住在颐和园养病，进城时必到同和居小酌，同和居服务人员趁溥儒酒酣耳热之际，取出纸笔来请他作书，这时候他是绝不推辞的。日本投降后，同和居雅座里挂满了溥儒书写的对联横幅，琳琅满目，经过"十年动乱"，想都已荡然无存了。

同和居的著名甜点"三不沾"（因不沾碗不沾筷不沾嘴而名"三不沾"），连日本天皇裕仁都尝到了。这是因为溥杰的夫人嵯峨浩予以介绍的缘故。嵯峨浩是裕仁的亲属，她对中国烹饪很有研究，曾写了一本《清宫菜谱》，在海外广为流传。溥杰夫妇住在西城护国寺街，距离同和居不远，常到同和居来吃便饭，现在同和居的新匾额，还是溥杰写的呢。

广和居也是开设于清朝，有悠久历史的山东饭馆。清朝大官们给同僚饯行，一般都在陶然亭的"瑶台"设宴，由广和居就近备办筵席。大官们宴会酬酢也爱在广和居举行，所以广和居又留下了不少清朝名人的墨迹。我幼年时候，在广和居就看过张之洞、翁同龢等人所写的对联（张之洞是清朝的军机大臣；翁同龢是光绪皇帝的老师，曾任户部尚书）。

鲁迅住宣武门外山会邑馆（绍兴会馆）时，因距北半截胡同广和居不远，所以常到广和居来吃饭。鲁迅日记里有不少去饭馆饮酒吃饭的记载，从中看出，最常去的饭馆就是广和居。鲁迅的壬子日记（1912 年）记载："五月五日抵北京，七日夜饮于广和居。"同月 11 日日记又有"食于广和居"。18 日日记又有"与季市俱至广和居"。31 日日记又有"夕谷清招饮于广和居"。一月之中，就到广和居吃了四次饭，以后日记还有不少去广和居的记载。

夏枝巢《归京琐记》也谈到了广和居，他是这样说的："士大夫好集于半截胡同之广和居，张文襄（即张之洞）在京提倡最力。其菜著名者为蒸山药；曰潘鱼者，出自潘炳年；曰曾鱼，创自曾侯；曰吴鱼片，始自吴闿生。"

北京的著名饭馆还有所谓八大楼之说。这八大楼除去春华楼是江苏饭馆外，其余都是山东饭馆。究竟哪几家饭馆属于八大楼的范围，众说纷纭，莫衷一是。据我所知，这八大楼是：东兴楼、新丰楼、泰丰楼、萃华楼、致美楼、正阳楼、安福楼和春华楼。八大楼中，以东兴楼的名气最大。1926—1928 年，奉系军阀盘踞北京时，东兴楼曾经红极一时。

东兴楼开设在东华门大街，规模不算太大，肴馔纯系山东风味，制作极精。张作霖在北京自封为"大元帅"时，由于张的财政总长阎泽溥的推荐，张作霖也欣赏起东兴楼的菜肴来。当然，连出门都要戒严的张大元帅，是不会光临东兴楼的；只是在他大宴宾客的时候，把东兴楼的头灶叫到中南海或他的住宅顺承王府（现在全国政协地址）来担任烹调师傅而已。由于张作霖的提倡，当时奉系军政要员请客宴会都爱用东兴楼。张作霖的秘书长郑谦（字鸣之，南京人，曾任江苏省长）家住在西四砖塔胡同，他请客宴会，不就近到西四同和居，却到东城东兴楼。郑和我有亲戚关系，所以我知道。

北平沦陷期间，东兴楼又成了日本侵略者经常举行宴会的地方，这除去因为东兴楼肴馔精致，吸引了日本人之外，还有日本人迷信的缘故。他们认为东兴这两个字对他们吉利。这和当时东来顺饭馆也颇受日本人欢迎的原因是一样的，也是因为日本人迷信"东来顺"这三个字的缘故。

距离东兴楼不远，在王府井大街上，还有一家山东饭馆安福楼饭庄，经理姓吴，山东蓬莱人，传说是军阀吴佩孚的本家兄弟。这家饭馆的烹调技术不在东兴楼之下，可惜开设时间不长就停业了。

现已恢复营业的"致美楼"（在长椿街），也是一家历史悠久的山东饭馆。致美楼解放前开设在前门外煤市街，店里还有一块清道光丁未年（1849 年）的老招牌，上写"姑苏致美楼"五个大字。既然是山东饭馆，为什么又说是姑苏呢？这是当时的风气使然。清末的北京饭馆都爱以南式南菜来号召，徐凌霄《旧都百话》说得好："明明是老北京的登州馆，也要挂'姑苏'二字。"

致美楼的名菜有五柳鱼、芙蓉鸡片、酱爆鸡丁等。它的名点炸龙须面尤为出色，把一块面抻得细如发丝，然后再过油炸得两面焦黄，酥脆香甜，非常好吃。

同在煤市街，距致美楼不远，还有一家著名的山东饭馆致美斋。致美斋规模较致美楼小，但肴馔之精，有过之无不及。致美斋原是一家点心铺，后始扩充为饭馆。崇彝《道咸以来朝野杂记》曾有这样的记载："'致美斋'其初为点心铺。所制云萝卜丝小饼及焖炉小烧饼皆甚佳。又有炸春卷、肉角尤妙。"

清末魏元旷《都门琐记》还记道："致美斋以四做鱼著名，盖一鱼而四做之，子名'万鱼'，头尾皆红烧，酱炙中段，余或炸炒，或醋熘、糟熘。"

据笔者所知，其名菜除鲤鱼四做外，软炸虾仁、宫保鸡丁皆甚适口。

前门外肉市的正阳楼饭庄，也是一家有名的山东饭馆。因为是孙学仕开设的关系，所以解放前的官僚政客都爱光顾这家饭馆。孙学仕字荩卿，山东人，曾任北京市商会会长多年。他除开设正阳楼饭庄外，还在前门大街开了一家有名的糕点铺——正明斋。此人富有钱财，擅长交际，喜拉拢官僚政客。1932 年秋天，国民党山东省主席韩复榘到北平来，曾在正阳楼大宴宾客，除备有上等鸭翅果席外，还以大量的螃蟹飨客。已经下台的军阀张宗昌被礼为上宾。就在这次宴会上，张宗昌中了韩复榘、石友三的圈套，应邀去了山东，结果被韩、石刺死于济南火车站。

另外，烤鸭店也应列入山东饭馆的范围，因为烤鸭店的菜肴纯系山东风味。北京最早的烤鸭店只有两家，即前门外肉市的全聚德和前门外鲜鱼口的便宜坊。

全聚德的历史是这样的：清朝道光年间，蓟县人杨全仁在前门大街摆摊出售生鸭，这人很善于经营，由小摊发展成为小铺，又由小铺发展成为小饭馆。解放后，全聚德由肉市迁到了前门大街，成为驰名中外的"全聚德烤鸭店"。

这家烤鸭店有 30 种冷菜和 50 种热菜，都是用鸭子制成的。其他山东风味菜如烩乌鸡蛋、熘鱼片等也都应有尽有，只是价钱比一般山东馆贵一些。

便宜坊虽也是烤鸭店，但它与全聚德有所不同。便宜坊主要卖的是冷荤热炒，烤鸭居于次位。便宜坊邻近大众剧场，大众剧场在清末叫天乐园，民国后改名为华乐园。那时的剧场与现在不同，是每天都演戏的，而且演戏的时间侧重于白天。看戏的人或中午或晚上很多就近到便宜坊来吃便饭，因为是独身一人或两三知友，所以吃普通菜肴的人多，吃烤鸭的人少。便宜坊的山东风味菜，如烩两鸡丝、炒腰花、烩虾仁等，也都很适口，烹调技术并不亚于全聚德。解放后，崇文门大街又开设了一家便宜坊烤鸭店。1983 年 8 月，便宜坊烤鸭店由鲜鱼口迁至天坛新址，营业面积较前扩大了许多。

解放前北京有两家最有名的河南饭馆：一为金谷春，一为厚德福。金谷春在前门外西珠市口，菜肴甚佳，可惜昙花一现，即行关闭。厚德福则历久不衰，直至解放后始停业转为河南饭庄。

厚德福开设于前门外大栅栏，其菜纯属汴京正宗，梁园风味。厚德福经营范围甚广，南京、上海皆有分店，但烹调技术都不如北京的厚德福。北京厚德福名菜有猴头（菌类）、铁碗蛋、糖醋瓦块鱼等。当顾客将瓦块鱼吃到一半的时候，服务员会主动来问是否要焙面。用糖醋瓦块鱼汁将龙须面焙得焦黄，吃起来香脆可口，堪称一绝。现三里河大街河南饭庄仍保留糖醋瓦块鱼这一名菜，但已不卖焙面了。

解放前厚德福还有一个其他饭馆没有的名菜——"熊掌"。吃厚德福的"熊掌"，要三天前预订，因为这东西太费火，火候不够烂不了。20世纪30年代，何其巩曾在厚德福宴请教育界的安徽同乡吴承仕、胡适、张贻惠等，我叨陪末座，因得尝到"熊掌"这一美味。当时厚德福一盆"熊掌"，要卖五六十元，一般人是不敢问津的。

南方饭馆

在解放前北京的江苏饭馆，以数量而言，仅次于山东饭馆。著名的有下列几家：春华楼、玉华台、淮扬春、森隆、五芳斋、上林春、同春园。

八大楼之一的春华楼，在20世纪30年代曾红极一时，梅兰芳、何其巩、周大文都是这家饭馆的常客。1934年冬，孙科的表弟余铭因为酬谢我教他学国语（余生长在美国，中国话说得不好），设宴春华楼。这桌菜做得色香味形俱佳，深得出席宴会的孙科夫人陈淑英女士的赞赏。

玉华台是一家纯粹的江苏饭馆，它的菜肴是地道的淮扬风味。玉华台的狮子头、炒鳝鱼丝、鸡火煮干丝基本上都保持淮扬菜的本色。玉华台的狮子头，入口即化，确是与众不同。还有一种淮扬名点——汤包，皮薄如纸，里面装满了肉汁。汤包这一名点现已失传，实为可惜。

解放前开设在东安市场的五芳斋，也是一家有名的江苏饭馆。菜肴如砂锅青鱼头、红烧头尾、四喜肉、腌笃鲜、糖醋排骨等都很出色。面点尤为出众，三鲜炒面（带过桥）、小笼包子、炸春卷等堪称一时无双。

五芳斋的炸春卷，用荠菜和猪肉丝做馅，完全是镇江面点的风味。

上林春也是江苏饭馆，开设在中山公园内。餐厅的面积不大，但很雅洁。顾客大都是公园的游人，来这里品茗休息的，所以面点的销售量比菜肴多。干菜包子和牛肉汤面等面点都很受欢迎。上林春饭馆虽小，名气却很大，这与开设者有关。它是张学良将军的亲信、国民党北平市长周大文开设的。周大文在北平经营了三家店铺，即上林春、新月食堂和桂香村糕点铺。周大文虽是官僚，但却精于烹饪，做得一手好菜。解放后在西单开设好好食堂时，亲自上灶掌勺，赢得中外顾客的称赞。后又到曾任张学良秘书的李荫春开设的新馨食堂去掌勺（新馨食堂在前门外煤市街）。自周大文来掌勺后，新馨食堂立刻兴盛起来，连各国驻华使馆人员都来光顾这家小饭馆了。

解放前的北京饭馆有八大楼和八大春之说，八大春又是指哪几家饭馆呢？其说也是不一，据我所知，除上林春外，其余七家是：淮扬春、庆林春、大陆春、新陆春、春园、同春园和鹿鸣春。

八大春以类型来分，除庆林春、大陆春、新陆春属于四川饭馆外，其余五家都是江苏饭馆。

解放后同春园硕果仅存，其余七大春都已不见了。同春园由西长安街迁至西单南大街，它的早点小笼包子和蟹壳黄烧饼，还保留一点江苏风味。

四川饭馆

四川饭馆的菜肴以麻辣为主，对北京人的口味不很适合，所以解放前北京四川饭馆的菜肴很多已有改变，不是纯粹的四川风味了。当年西长安街的庆林春、大陆春、新陆春虽都号称为四川饭馆，但菜肴已不大放双椒（辣椒与花椒），而略带江苏风味了。20 世纪 30 年代宣内绒线胡同有一家不大的四川饭馆，字号叫"且宜"，馆子虽小，但菜肴四川味却比较浓厚，可惜没开多久就关闭了。绒线胡同还有一家较大的四川饭馆——蓉园饭庄，这家饭馆有很多间餐室，可同时摆几十桌酒席，也应临时小卖。它的菜肴很精美，冷荤如棒棒鸡、椒麻鸡；热炒如干烧鲫鱼、辣子鸡丁等，都能保持四川风味。说来也巧，绒线胡同偏多四川饭馆，解放后北京最大的四川饭馆——四川饭店，也开设在绒线胡同。四川饭店的厨师，是由有关部门从四川选调来的，现又与成都的饭馆挂钩，所以它的菜肴，是正宗川菜，不是解放前北京任何四川饭馆所能比拟的。

广东饭馆

解放前北京的广东饭馆有两个特点：一是没有规模大的；二是王府井大街最多。王府井大街共有四家广东饭馆：东安市场内有两家，东亚楼和小小酒家；王府井大街上有两家，玉成号和广东家庭餐馆。

小小酒家确实是名副其实，店面很小，座位无多，但肴馔却很精致。酒菜如白斩鸡、叉烧肉等，都是广东做法。点心有炸云吞，将馄饨炸得焦黄，佐以糖醋汁蘸着吃，别有风味。

广东家庭餐馆开设在王府井大街路东的一条弄堂里，即为闽粤餐馆的前身。所制之蚝油牛肉、咕咾肉都能保持广东风味。咕咾肉是一个很普通的广东菜，有点像山东馆的糖醋里脊，但做法却讲究多了。同是酸甜相益的菜，但它的酸味不是来自米醋而是来自番茄汁。这个菜吃起来既耐咀嚼又酸甜适口，再配上极细的柿子椒丝，红绿相映，赏心悦目，真是色香味形俱佳。

恩成居虽以广东饭馆相标榜，但其菜肴则颇具江苏风味。它的名菜"马鞍鳝"就不能说是广东菜了。恩成居于20世纪30年代曾盛极一时，车马盈门，座无虚席，京剧大师梅兰芳、著名小说家张恨水都是常客。解放后恩成居迁至西单北大街原富庆楼饭庄旧址，与自宣外迁来之谭家菜比邻而居，已由绚烂归于平淡了。

提起谭家菜来，真是赫赫有名，堪称广东饭馆中之佼佼者。不过在抗战胜利以前，谭家菜并不公开营业，无人介绍，概不招待。要想吃谭家菜，必须托人向主人谭琢青请求，还要履行几项条件：一、要事先预订，等候通知；二、要订整桌酒席，不应小卖；三、须给谭琢青一份请柬。这三项条件中，请谭琢青参加宴会最为重要。谭琢青日饫肥甘，岂在乎这一餐筵席？他的真正目的是在表示自己不是在做饭馆生意，而是为朋友帮忙。吃了谭家菜的人，付出高昂的代价，还要向谭琢青致谢，岂不冤枉？说也奇怪，订席的人还是络绎不绝，并且很难挨到。这就说明谭家菜确是不同凡响。

我认为谭家菜确有特点，第一是选料严格，制作精细；第二是烹调技术特别高超。就以荷包鱼翅和红烧紫鲍来说，其味道之鲜美醇厚，是北京任何第一流饭馆也不能与之媲美的。有人说谭家菜的红烧紫鲍不仅色泽红艳，赏心悦目，而且软而不烂，越嚼越香，真是齿颊留芳，回味无穷，这话说得一点也不过分。

谭家菜还有一个特点，即制作者不是什么广东名厨师，而是一位普通家庭妇女——谭琢青之妾。谭琢青，广东人，是北洋政府的官僚。他一生食不厌精，专门追求口腹之享受，在他的督导下，其妾练就一手高超的烹调技术，并培训出两名女佣为助手。就是这么三位普通妇女，使谭家菜誉满京华，名扬海外。

谭家菜鼎盛时期，是20世纪30年代，特别是日寇侵华期间。当时华北大汉奸都爱用谭家菜谄媚日本人，这是因为谭琢青曾在北洋政府供职，大汉奸王克敏、王揖唐等过去都是他的上司的缘故。谭琢青日与汉奸为伍，不久也下水了，充当了汪伪政府的立法院秘书长。谭琢青在日本投降之前就病死了。解放后，因谭琢青之妾已经死去，谭家菜的质量已不如从前了。

解放前北京的福建饭馆，著名的有西长安街的忠信堂和东四的中美楼。另外，王府井大街路东胡同内还有一家小型的福建饭馆闽江春（刘家菜，是现在闽粤餐馆的前身）。忠信堂院落宽敞，餐室甚多，旅居北平的福建人，遇有喜庆堂会，都爱用忠信堂来招待亲友。福建籍知名人士春明女中校长柯文泾、国民党北平市卫生局长方石珊等，都是这里的常客。

忠信堂的菜肴也很精美，不过福建风味并不浓厚。福建菜肴喜放红糟，但忠信堂却很少供应放有红糟的菜肴。同是福建饭馆，"小有天"却有不少红糟菜肴。

在我幼年时候，曾随先父到过一次小有天福建饭馆，对它做的高丽虾仁和小笼包子印象很深。小有天开设在前外劝业场楼上，饭馆虽小，肴馔甚精。它的红糟菜肴，如红糟鸡丁、红糟鱼片等，很受福建人的欢迎，但外省人却不大爱吃。

北京本地饭馆

北京本地饭馆很少，如果不将回民饭馆计算在内，就只有寥寥数家了。这是因为长期以来，山东饭馆已经取代了北京本地饭馆地位的缘故。如上海人就称山东饭馆为"京帮饭馆"，山东菜为"京帮菜"。

除去回民饭馆之外，比较有名的北京本地饭馆计有柳泉居、砂锅居、都一处和灶温。这四家饭馆，除灶温已于解放后归并到东四江苏餐厅外，其余三家，现在都在营业，并且在政府的扶持下，餐厅面积和营业范围都较解放前扩大了许多。

柳泉居是在明朝就有的真正北京风味饭馆。它因院内有一棵大柳树和一口甜水井而得名。柳泉居现已恢复营业，地址在西四北大街路西，离护国寺街不远。

砂锅居在西四缸瓦市大街路东。我幼年时听老人说，砂锅居在清朝道光年间就有了。姚雪垠同志撰写的长篇历史小说《李自成》，内中有牛金星与友人在缸瓦市砂锅居饮酒聚会的故事，可见砂锅居这个饭馆在明朝崇祯年间就有了。

北京人称砂锅居为白肉馆，白肉是白煮猪肉的简称。砂锅居不仅卖白肉，还卖猪的头蹄下水。它能将一口猪做成 72 种菜肴，即北京人所谓的"72 样小烧"。

解放前砂锅居的菜肴，都在猪身上找，并且只会烧燎白煮，不会煎炒烹炸。解放后在政府的大力扶持下，增加了菜肴品种，山珍海味，鸡鸭鱼肉，各种菜肴俱全。今日之砂锅居，其规模之宏大，生意之兴隆，远非昔时可比了。

都一处在前门大街路东，开设于清朝乾隆三年（1738 年）。解放前，楼上有一"宝座"，上罩黄布，下铺黄土，据说乾隆皇帝私访，到过都一处，以后都一处就把皇帝坐过的椅子，当作"宝座"来供奉了。

解放前都一处的老师傅说过这样一段故事：一年除夕夜晚，商店都休息了，只有都一处还在营业，忽然进来一位贵客，跟着两名随从，坐下后就问字号叫什么，掌柜的说："小买卖，没有字号。"贵客说："都城里买卖都关门了，只有你这一家还营业，就叫'都一处'吧!"掌柜的笑着答应了，谁知过了几天，闯进一群太监，抬着一块匾，上写"都一处"三个大字，说是皇帝赏赐的，叫掌柜的磕头谢恩。掌柜的连忙跪倒磕头，才知道除夕那天来的"贵客"是乾隆皇帝。这件事传开之后，都一处的买卖就兴旺起来了。

都一处在解放前，除烧卖有名外，它的马莲肉、晾肉、面筋、糟肉等下酒小菜也很有名。炸三角尤为出色。三角包有肉馅，比馄饨大一些，形状像粽子，炸得酥脆，非常适口。

解放后都一处的变化很大，气象一新，餐厅较解放前扩大了好几倍，楼上还辟有专门接待外宾的餐室，以前传说是乾隆皇帝赐给的虎头匾，还保存在楼下，门前换上了郭沫若同志书写的新匾。每天顾客拥挤不堪，成为北京最大和最兴盛的一家烧卖馆了。

以上所写的北京本地饭馆，都是属于汉民的，下面再谈谈回民清真饭馆，即北京人所说的"羊肉馆"。

解放前著名的回民清真饭馆有东来顺、西来顺、雨益轩、同和轩等。

东来顺的涮羊肉，堪称是誉满中外的美味佳肴。其所以出名，是因为有三大优点：一是选料精；二是肉片薄；三是调料美。

以选料精而言，用内蒙古集宁的绵羊，先在自己的农场内圈养一个时期，为的是换了水草之后，可除腥膻之气。宰杀后，要将肉枣、筋膜等剔净，选留精华部分，经冰镇后再切。

东来顺羊肉片之薄也是著名的，老师傅能将半斤羊肉切出六寸长、一寸半宽的肉片 40～50 片，码到盘子里，要做到薄如纸、齐如线、美如花。

调料方面，除去高级酱油、辣椒油、虾油、腐乳、麻酱等各种调料外，还要加入上等料酒来提味。锅子里放的是口蘑汤而不是白开水。

由于有以上三大优点，东来顺的涮羊肉不仅吸引了大量的中国顾客，就连外国人也都慕名前来尝试，其中以日本人为最多。都说南方人不爱吃羊肉，可是到东来顺吃涮羊肉的南方人还真不少。1948 年冬天蒋介石派他的儿子蒋纬国到北平来见傅作义，尽管来去匆匆，还特地到东来顺一尝涮羊肉之美味，可见东来顺的涮羊肉也同样受到南方人的欢迎。

东来顺除涮羊肉外，还卖爆、烤牛羊肉。每逢农历立秋节日，门前便竖起一块大牌子，上面写着"爆烤涮上市"的字样，招牌挂出后，顾客便蜂拥而来。北京人除爱吃涮羊肉外，对于爆、烤牛羊肉，也是很感兴趣的，小型宴会，常以爆烤涮飨客，主人所费无多，客人大快朵颐，所谓各得其所。

东来顺还有"爆煳"这个菜，就是将羊肉爆到汤尽汁干，肉片略带焦味，吃起来别有风味。其他菜肴如扒鸡腿、它似蜜、鸳鸯卷果等，不但味美，而且价廉。解放前东来顺采取薄利多销的营业方针，一般菜肴只看二成利。还设有一个饭摊，卖水饺、肉饼等大众化食品，也卖醋熘肉片、葱爆羊肉等比较便宜的炒菜。这个饭摊很受劳动人民的欢迎，遗憾的是解放后这个饭摊不见了。

20世纪30年代，西长安街又出现了一家西来顺回民饭馆，是国民党内二区署长殷焕然开的。那时候西长安街有饭馆街之称，饭馆鳞次栉比，要在这条繁华街道上，挤进一家新的饭馆来，是不容易的。殷焕然凭借权势，不但把西来顺开设起来，还网罗了一批名厨师来掌勺，其中最有名的是褚祥。褚祥用菠菜汁制作的翡翠鸭子，是西来顺的一绝。著名京剧演员马连良就是最欣赏褚祥的烹调技术的，所以常光顾西来顺，后来索性把褚祥请到家里来当厨师。褚祥早已去世，他的两个得意弟子，解放后分别在又一顺和瑞珍厚掌勺，也都很受顾客的称赞。

雨益轩和同和轩都开设在前门外李铁拐斜街，20世纪30年代都盛极一时，解放后相继关闭了。

除去以上这几家回民饭馆外，还有两家很有名的烤肉馆，即烤肉宛与烤肉季，这两家饭馆现在都在营业。

烤肉宛的历史较烤肉季悠久。清朝康熙年间，一个姓宛的回民从京东大厂县来到北京，在宣内大街摆了一个烤肉摊，将牛羊肉切成薄片，用炙子烤，深受顾客的欢迎。小摊发展成为饭馆，就是后来的烤肉宛。

解放前烤肉宛不在宣内大街，在宣内安儿胡同口内。门上悬挂着画家齐白石书写的匾额，屋里安放着两个大铁炙子，传说其中有一个是康熙年间的，顾客都爱在这个炙子上烤肉，说这个炙子好使。吃烤肉时，顾客把一只脚蹬在板凳上，左手擎着酒杯，右手用长筷子烤肉，边吃边喝边烤。那时候吃烤肉，多数人都是自己烤，只有极少数人让服务员代烤。宛家两兄弟虽然是烤肉宛的东家，但也和工人一起参加劳动。这两兄弟都很胖，有人说他俩每人每天都要吃六七斤烤肉，所以很胖。

解放后，烤肉宛迁到宣内大街路东营业，餐厅较以前扩大了好几倍，又增添了多种菜肴，只是烤肉改由服务员代烤了。吃烤肉的人少了，吃菜肴的人多了起来。名为烤肉馆，实际上已成为一个以供应牛羊肉菜肴为主的普通回民饭馆了。

烤肉季的创始人是通县人季德彩。自清朝咸丰年间到现在为止，烤肉季已有100多年的历史了。要谈烤肉季，必须先谈什刹海的荷花市场，因为烤肉季是从这里发迹的。

什刹海是北京一大名胜，风景甚佳，自清朝以来，就是北京人夏季消暑游乐之地。解放前什刹海有临时荷花市场之设，由农历五月初一至七月十五，是荷花市场开业期间。荷花市场始于何时？清人沈太侔对此有过解释。他所著的《春明采风志》曾有这样的记载："什刹海，地安门外迤西，荷花最盛，六月间士女云集，然皆在前海之北岸。同治中忽设茶棚，添各种玩艺。"由此可知，荷花市场在清朝同治年间就有了。

荷花市场开业期间，游客云集，席棚林立，真是热闹非常。游人们观赏小戏杂耍之余，可以品尝到各种北京风味小吃，如南府苏造肉、萝卜丝饼、鸡蛋肉饼、爆羊肚、灌肠、豆汁、扒糕、凉粉、江米藕、八宝莲子粥、荷叶粥、豌豆黄等。二三知友，如想小酌三杯，还可登上会贤堂酒楼，一边饮着山东黄酒或莲花白酒，一边品尝着由鲜莲子、鲜白花藕、鲜菱角和鲜鸡头米做成的四鲜冰碗的美味，这时，顿觉凉沁心脾，暑气全消。

在荷花市场的众多吃食中，季德彩独树一帜，在银锭桥畔，设摊出售烤牛羊肉。在盛夏季节吃烤肉，是北京人的一种特殊享受，再加上季德彩卖的烤肉，选料精，切片薄，香嫩可口，因此深受顾客的欢迎。从此"烤肉季"的名声就传开了。

烤肉季由售卖烤牛羊肉的小摊，发展成为烤肉饭店，仍保持夏季卖烤肉的特色。于溽暑熏蒸中，围在炽热的炙子旁边，挥汗吃烤肉，是苦是乐？见仁见智，各有不同。

解放后的烤肉季，不但扩大了餐厅面积，增添了菜肴的花色品种，同时也扩大了营业范围，现已成为招待外宾的好场所。很多外宾，包括各国使馆人员和旅游者，都纷纷前来光顾，因而声誉日隆，营业日盛，远远超过了烤肉宛。以前都说是"南宛北季"，现在应该倒转过来，说是"北季南宛"了。

北京都一处烧卖馆

王永斌

"李记"酒店

闻名中外的北京都一处烧卖馆，开业于清朝乾隆三年（1738年），至今已有280多年的历史。创办人姓李，原籍是山西。

这个李姓青年初到北京时，住在一个亲戚家中，后经老乡介绍在肉市醉葫芦酒店学徒。三年零一节的学徒生活，使他学会了招待客人、整理店堂、制作小菜的本领。他待人热情，做事勤快，客人们都喜欢让他打酒、上菜。店铺的掌柜对待学徒和伙计很刻薄，每月给的工钱很少，可是给他的却比别人多。这样，就使这个既有本事，又有人缘的年轻"酒保"，不得不思量着离开醉葫芦酒店，自创门户。后来，他辞了柜，在亲戚、朋友的帮助下，在前门外大街路东，鲜鱼口南，搭起席棚，里边摆上三四张桌子，几个凳子，搭起炉灶，赊来几坛子酒十几斤肉，外边挂上个酒葫芦（幌子），用一个伙计一个学徒，就开张了。当时，店铺没有字号，只是酒葫芦上写着"李记"二字。尽管酒店很简陋，可是有些人还是真捧场，他们在棚里棚外，挂上两三块"开市大吉""生意兴隆"的红幛子，表示庆贺。李记酒店开张后，天天酒客盈门，座无虚席，买卖很是不错。因为酒店买卖好，又因为李掌柜有信用，说什么时候还账，准什么时候还，从不说谎，因此，面铺愿意赊他面，酒厂主动赊他酒，油盐店供他作料，买卖越做越好，年年赚钱。有了钱，李掌柜就打算盖房。约在乾隆七年（1742年），盖了只有一间门面的小楼。没有厨房，就把案板、炉灶等用具放在楼下北墙边，作为厨房；靠楼梯做账房；另有四五张桌子招待酒客。楼上除二小间"雅座"以外，都是散座。当时，经营的品种有煮小花生、玫瑰枣、马莲肉、晾肉等小菜。正在小买卖日渐兴隆的时候，年方30多岁的李掌柜不幸得了重病，医治无效，不久就病故了。李掌柜死后，内掌柜盖素珍带着一儿一女过日子，买卖托付给李掌柜的师哥经营。由于店铺早开门，晚上门，招待客人热情，酒菜实惠，尤其是北京独一无二的马莲肉、晾肉等小菜，深受客人的欢迎。

马莲肉是选带皮的五花三层的上好猪肉，切成四寸长、一寸宽、二分半厚的肉条，用马莲捆成五条一捆，放在锅里加上适量的葱、姜、蒜、口蘑、大料、盐等作料，煮透成冻，同现在的水晶肉相似，但马莲肉带有清香的马莲味，所以是下酒的好菜。晾肉是选去皮的瘦猪肉切成四寸长、一寸宽的薄肉片，在房檐下晾干后，用水洗净，加木耳、面筋、葱、姜、大料、盐等作料，用清水放在锅里炖，炖熟取出就成，同现在的酱肉相似，但它比酱肉利口，越嚼味道越香。

最早李家酒店并没有马莲肉、晾肉小菜。李掌柜为了增添这两种小菜，曾三次亲去山西老家，用优厚的待遇，才把制作马莲肉、晾肉的高手张师傅请来，并派一名学徒把张的手艺学会，然后传下来。

乾隆命名

买卖做到乾隆十七年（1752 年），生意大不如前。一进旧历腊月，生意尤其冷落。到了年三十，白天根本就不上座，因为过去的北京，旧历一进腊月，在旗的贵族、满、汉官员，有钱人员，就开始置办年货，到了年三十，该买的已买齐，就等着过年了。这时，官府已封印，戏楼也封台，一般人家没事也不出门了，所以酒店饭馆没有生意。年三十夜，在街上走的一般只有两种人：一种是像《清代北京竹枝词》上说的"爆竹千声岁又终，持灯讨账各西东"的要账人；另一种是负债人，在家待不了，只得跑出来躲债。李记酒店按老规矩，年三十不过子时是不关店门的。当时前门外一带有名的酒店饭馆很多，像醉葫芦酒店、小有余芳饭馆、致美斋饭馆等，尽人皆知。李家酒店要在众多名酒家包围之中存在和发展，必须人家没开门你开门，人家关店门你不关，做人家不做的生意。所以这年的年三十夜，李家酒店照常营业，接待躲债的酒客。正在亥时，从店门外进来三个人，从穿着可以看出是一主二仆。这个主人是个文人打扮，两个仆人虽然年岁已高，但嘴上尚未留须，各打一个纱灯，前后照亮。这三个人被伙计热情地引上楼吃酒。当时，楼上楼下几个喝酒的客人，有的衣帽不齐，看得出是落魄之人；有的虽然衣帽整齐，但一边喝酒，一边唉声叹气，面带愁容，喝的是闷酒。这个文人模样的人，吃着小菜，喝着酒，对李家酒店伙计招待的殷勤，对酒味的浓香、小菜的可口，很是赞赏。他问："你们这个酒店，叫什么名字？"伙计说："小酒店没有字号。"这个人看看周围，听听外面的声音，很感慨地说："这时候，还不关店门的酒店，京都只有你们一处了吧！就叫'都一处'吧！"

年三十过去快一个月了，店里的人们都没把年三十夜里的事情放在心上。忽然有一天，十几个太监给李家酒店送来一块写着"都一处"的虎头牌匾，这时大家才知道年三十夜里来喝酒的那位文人，是乾隆皇帝。这件事，很快地轰动了全北京城。酒店的人把乾隆皇帝亲自书写的虎头匾"都一处"端端正正地挂在店中；把乾隆皇帝那夜坐过的一把罗圈椅盖上黄绸子，下垫黄土，不许任何人再坐，像供神一样供奉起来，称为"宝座"。并请来亲友、同行大大地庆祝一番。从此，全北京尽人皆知"都一处"了。

据"都一处"前经理栾寿山说："乾隆皇帝坐过的'宝座'是把褪了色的红罗圈椅，经常放在小楼外面的晾台上，民国年间，店里的职工经常坐上去，还高喊：'当皇帝了。'新中国成立前夕，店里就把这把椅子撤去，放在杂物堆上，后来不知去向。"

乾隆亲笔写的"都一处"虎头牌匾，椭圆形，黑漆油饰字贴金箔。之所以叫虎头匾，一是它椭圆形状像虎头，二是匾的四周都雕刻着蝙蝠的图案，因之，称虎头匾。这块虎头匾，就在店堂的正中。"文化大革命"开始不久，有人逼着要把这块匾劈了。栾用刀砍了一下砍不动，后来，人都走了，他就偷偷地把它藏在库房的杂物底下。"文化大革命"中"都一处"改名为"燕京烧卖馆"。1981 年，恢复老字号时，当时帮助藏匾的老职工杨海泉，又把匾找出来，经过油饰整理，刷上金字，重新挂上。

"京都一处共传呼"

乾隆皇帝去"都一处"喝过酒，"都一处"有"宝座"，这使"都一处"很快地兴旺起来。但是"都一处"的经营品种，直至道光年间，还是以卖酒、马莲肉、晾肉、煮小花生、玫瑰枣等小菜为主。因此，它比当时的名馆子还是差一些的。据清朝道光年间杨静亭写的《都门杂咏》记载："闲来肉市醉琼酥，新到尊鲈胜碧厨。买得鸭雏须现炙，酒家还让醉葫芦。"还有："原来肉制贵微炊，火到东坡腻若脂。象眼截痕看不见，啖时举箸烂方知。"这是对"旧俭居"所做美食东坡肉的赞赏。当时名馆"小有余芳"也已添上了虾肉烧卖："小有余芳七月中，新添佳味趁秋风。玉盘擎出堆如雪，皮薄还应蟹透红。""福兴居"的鸡面，也是人们喜欢吃的美食："面如白银细似丝，煮来鸡汁味偏滋。酒家唯趁清晨卖，枵腹人应快朵颐。"直到同治年间，"都一处"才跻身于名饭馆之列。在李静山写的《增补都门杂咏》中记载："京都一处共传呼，休问名传实有无。细味瓮头春酒味，自堪压倒醉葫芦。""都一处"这时不仅增添了烧卖，而且也添上了炸三角。它的烧卖皮薄馅满味好。有葱花猪肉烧卖，有猪肉、海参、鸡蛋、虾仁、玉兰片三鲜烧卖，还有虾肉烧卖。"都一处"的烧卖与别家做法不同，不仅馅的味道好，而且皮的规格要求也很严。一个皮直径三寸三，要擀成二十四个花褶。每四个烧卖用一两三的馅、一两三的皮。"都一处"的炸三角，皮薄、馅大，外焦里嫩。别家的炸三角都用肉皮冻制成，吃到嘴里，发硬糊口，而"都一处"的炸三角的馅是用瘦肉丁冻制成，吃到嘴里松软香嫩。另外还添了炒菜，回锅肉更别具风味，受到欢迎。"都一处"的伙计，不但沿袭开店以来的传统，招待客人热情周到，还学习了别店"敬菜"的做法，因此，顾客日多。

到了1931年，"都一处"传到李德馨的父亲这辈儿。他认为饭馆不像钱庄那样，钱来得又多又容易。因此，他就让年轻的李德馨去钱庄学徒。李德馨学徒期满，他父亲病故了。这样，他就不得不回到"都一处"来继承祖业、支撑门面。可是这个年轻人，在钱庄看到的是摆阔气，接触的都是大商人，回到"都一处"后，不愿意做饭馆的生意，而成天在外边瞎混，不是嫖妓，就是赌博。李德馨每天花天酒地，任意挥霍，对店里的学徒、伙计却非常刻薄。不仅工钱少，年终"馈送"少，而且伙食差，天天是窝头、白菜。学徒、伙计对李德馨敢怒而不敢言，为了泄怨气，炒菜多搁油，做馅的多放作料，打酒的多给，以解心头之恨。可是这样一来，来吃饭的客人却越来越多。人们都说："都一处"的酒、菜、饭，质好量多。不仅"都一处"的马莲肉、晾肉名传全城，而且炸三角、烧卖也成了"都一处"别具特色的美食。

郭沫若再题"都一处"

从 1937 年七七事变北平沦陷后，直至国民党在北平的统治垮台止，北平的民族工商业受到了严重的摧残。尤其是饮食业，货源缺，捐税多，顾客少。因之，不少的饭庄、饭馆、酒店相继倒闭。"都一处"虽然幸免，但长期以来，生意不振。

1949 年北京解放后，"都一处"走上了欣欣向荣的道路。人民政府派来了干部，加强对"都一处"的领导。"都一处"在 1956 年社会主义改造的热潮中，实行了公私合营，在扩大企业规模、提高服务质量、培养新生力量、发扬食品地方风味等方面下了不少功夫。为了扩大企业规模，"都一处"从鲜鱼口南边的一间小楼的旧址迁到鲜鱼口以北的宽大的新址。1964 年，新店落成，宽敞明亮的新店堂同时可接待顾客 200人左右。顾客多，营业额倍增，来"都一处"吃饭的客人，既有劳动群众，也有社会名流。郭沫若同夫人于立群时常来店品尝烧卖。郭老平易近人，说话和气。他每次来"都一处"吃饭，同谁都打招呼。1965 年的春天，一天郭老同夫人来吃饭，饭后同经理栾寿山和两三个职工攀谈起来。郭老问他们乾隆写匾的事，栾寿山对郭老说："这块虎头匾只能挂在店堂里，我们店门口还缺匾。"说到这里，郭老已看出他的意思，就很爽快地说："我给你们写吧，可不如皇帝写得好啊！"栾寿山高兴地说："那可好了，我们有好几次想请您给写一块匾，都不好意思对您说。"过了几天，栾寿山去郭老家，就把郭老写好的"都一处"三个大字取了回来。此后，店堂中挂着乾隆的虎头匾，店门口又添上了郭老运笔潇洒、笔锋柔中带刚的"都一处"三个大字，确实为"都一处"增色不少。这时，"都一处"的职工也从二三十人增加到100多人。为了培养新生力量，提高食品质量，制作马莲肉、晾肉的名师魏景魁，制作烧卖、炸三角的名师丁宝兴、李德山、汪洪才都带出了一些年轻的徒弟。

"都一处"在食品制作上，要求非常严格。首先，选料要精，不合规格的一律不用。其次，制作要细。以烧卖为例，皮要薄，中心厚度1毫米，边0.5毫米。馅要投料准。这样，大大提高了食品的质量。

目前，"都一处"的全体职工，正努力继承和发扬过去好的传统，在为祖国人民和世界人民服务方面，做出新的贡献。

"全素刘"和他的宫廷素菜

刘文治 口述　万永光 整理

摆摊创业

我家从祖父起，三代经营素菜。开始，买卖的名字叫"全素刘"，即现在"全素斋"的前身。

我祖父叫刘海泉，14 岁上就在清宫御膳房当差，当差三年半，学会了制作素菜的手艺。清光绪二十八年（1902 年）他离开御膳房，自己经营小本生意，做些炸食、小菜出售。从 1904 年起，他在开辟不久的东安市场内租了一小块地方，每天在家中将素菜做好，挑到市场摆摊出售。那时的东安市场只是一片露天场地，并无罩棚和房舍。市场南部，连我祖父在内，共有 11 户摊商。其中三户是卖花的；一户是卖金鱼的，姓黄，人称金鱼黄，他占的地片较大，人们管那一带叫南花园；其他的几户是：白玉晨的耍货摊，陈宝善的水果摊，沙琪的旧邮票摊，陈贵的小百货摊，德利臣的鞋摊，"钢刀王"（王青山）的小刀、小宝剑摊，最后一户是我祖父的素菜摊。这 11 户是东安市场最早的摊商，规模都很小。直到民国初年，市场内才逐渐出现了个别有房屋的店铺。

我祖父的摊子只有 3 米多长、1.5 宽，出售的品种是：七种饹馇盒，价钱很便宜（同烧饼一样）；较高档的有香菇面筋、素火腿、素什锦、独面筋等，基本上以大路货为主。另外还包办"四四到底"的整桌素席。所谓"四四到底"就是四压桌（以甜食干果为主）、四冷荤、四炒菜、四大件（鸡、鸭、鱼、肘），共 16 个菜。素席是高档菜，用料考究，做工精细，价格较贵，利润较大，卖一桌可供全家一个星期的生活。我祖父这个摊子原没有字号，只因顾客随口叫它全素刘，久而久之便叫出了名。我祖父就用蓝布做了一块帷幔，上缀"全素刘"三个白字，从此便有了固定名称。直到 1936 年，才请市场南花园镜框店一位何先生给写了一块长方形横匾，中间是"全素刘"三个大字。两旁是"四远驰名"，"只此一家"八个小字，匾额还镶了玻璃。

宫廷风味

"全素刘"，是在我祖父的主持下，由我们全家人合力经营的一家出售素菜的家庭商摊。因此，我父亲、母亲和我们兄弟，都学会了做素菜的手艺。有了活儿，男女老少齐动手，从不雇用外人。这主要是怕被外人学去手艺，抢了饭碗。这种情况在旧社会的手艺人中，是普遍存在的。

我家所做的素菜，保持了清宫廷的特色，在全国可说是独一无二的。宫廷菜供最高封建统治者享用，御膳房的厨师都是由全国挑选的高手，选料配方极为考究，做工非常精细，并千方百计地投合统治者的爱好。据我祖父说，他在御膳房当差时，亲见慈禧太后每顿饭都有上百道菜，既有山珍海味、鸡鸭鱼肉，也有各种小菜和几样素食。她主要是讲排场，实际吃不了多少，素菜就更难轮上吃一两口了。有一次，素菜厨师做了一道异味枣果，主料是肉果、枣泥、蜂蜜、白糖、桂花等；做法是把精选好的枣子去皮去核，用油皮卷好，经过蒸炸，再用蜜渍，上盘后，加青红丝、金糕条，上面再撒上些许白糖，五颜六色非常美观，引起慈禧的注意。她指问菜名，太监为讨主子欢心，就说："这是御味枣果，是御膳房专为孝敬老佛爷特制的。"慈禧听了很高兴，尝了一口，感觉味道不错，当时就吩咐赏给御膳房一桌酒席。从此异味枣果就改称御味枣果，并成为御膳中常备的一种素菜。

素菜本是南方菜，所用原料腐竹、冬笋、玉兰片、鲜菇等也多产自南方，调料用糖较多，味道以甜为主。慈禧是北方人，南菜不很合她的口味，很少下箸。厨师们就"南味北做"，除用糖、盐调味外，还加用酱油，使色泽鲜明，甜咸适度，并提高鲜度，增加品种。这样，慈禧也就逐渐喜欢吃点素菜，使素菜在御膳中有了些地位。慈禧爱吃的素菜有炸大扁、八宝什锦、麻仁酥、饹馇盒和八宝莲子粥等。

我祖父经过御膳房的训练，除会做整桌素菜席面外，还能做香菇面筋、八宝炒糖菜、栗子鸡（菜名是荤的，其实是素的，下同）、烧肝尖等30多种素菜。我父亲刘云清不但学会了祖父的全套本领，还有所发展；到他接手经营时，为适合顾客需要，又创制了辣鸡丁、素烧羊肉、素肠、松仁小肚等新品种。总计素菜有242个品种，其中有一些，由于受原料或购买力等客观条件的限制，未能与顾客见面。经常在市场零售的品种计有饹馇盒、胡萝卜扁、疙炸卷、圈松肉、酥饹馇盒、素什锦、素酱肉、辣鸡、素肠、合碗松肉、五香豆腐干、炸兰花干、开花豆、五香花生米、五香盐水栗子，等等。这其中高、中、低档货都有，而以中低档为主。这样就能满足各阶层消费者的需要，阔绰的顾客可以吃到称心的高档素菜或素席，一般劳动群众花上一二角钱也可以买上两三种，如素什锦、饹馇盒、豆干、花生米之类，佐餐下酒。

质量第一

"全素刘"的经营作风一贯重视质量，以质量求信誉。所谓质量，主要是保持宫廷风味。我祖父经常告诫我们说："咱们家如要辈辈保住这个饭碗，就得把货做好，让顾客信得过。创个字号很难，丢个字号可很容易，你稍一马虎，人家吃着不是那个味儿，可就完了!"我家所做素菜，不论是在选料、配方还是操作上，都严格按御膳房的程式办事。主料都由固定的作坊供应，如油皮由顺义一郝姓供应，饹馇由通县一刘姓和朝外吉市口一陈姓供应。用料上也极为考究，如香菇，肉厚、色好的用作香菇面筋，小的或碎的用以配菜或做馅；其他油皮、面筋、饹馇等也是如此。胡萝卜、藕、笋、香菜等鲜菜选好后，必须放在窖内保鲜，随用随取。油必须放置相当时间然后再用，使暴性温和，炸出货来漂亮。有些材料如砂仁、豆蔻、丁香肉果等价钱很贵，做低档货时就不使用这些贵重材料，但也要精选代用品，使之不失风味。素菜除烹调技术外，还有个造型问题，它多以鸡、鸭、鱼、肘、肚、火腿、肠等荤菜命名，因此就必须做成这些荤菜的形状，还要经得起切片（切时不散不乱）。总之，既须好看，更须好吃，这确是一种技艺。现在有的素菜馆为求成型，竟把整块豆腐旋成鸡鸭头，摆在盘中，根本不中吃。"全素刘"所做的造型菜不但形状美观，而且全部能吃。

全盛时期

旧时各大寺院的僧尼和信佛茹素的人，吃素菜讲究清素，从主料到辅料都要用素品，不能掺杂半点荤腥。"全素刘"的素菜就严格保证清素，绝对不用鸡鸭汤，而用香菜吊汤或用豆苗汤、黄豆汤、口蘑汤等；不用葱蒜，只用鲜姜；油是香菜油（用小磨香油渍香菜而成）。烹调制作时，都是用小锅烧透，使香味深厚，有甜有咸，甜咸兼备。

"全素刘"由于做工精细，质量可靠，保持了宫廷风味，又物美价廉，因而很受顾客欢迎。我们为保证质量，保持信誉，制作时从不贪多图快，粗制滥造。但因家庭人手有限，所以每天在市场只能卖40斤左右，卖完为止。常常是货未到市场，顾客已在那里等候。货一到，两个钟头就卖完。有一些大寺院、大宅门的熟主顾，他们不但在市场买，也常到家中来买，或由我们送货上门（我那时就常到金鱼胡同的一家去送货）。那时东交民巷的国际俱乐部照例每月四次向"全素刘"订购素菜，招待外宾。所以每逢年节，我们全家人都要忙起来，通宵制作，仍是供不应求。"全素刘"的名声广为传扬。有一次一位港商来京，慕名到东安市场找"全素刘"和"钢刀王"买素菜和小刀。当他见到这两家货摊时，惊讶地说："我在香港就听说'全素刘'的素菜很有名，我想一定是一家素菜餐厅，原来竟是个小摊子。"

在旧社会，寺庙作佛事，初一、十五唪经，大户人家办丧事开"大棚"（在寺院治丧，斋僧宴客），以及茹素人士举行宴会等，都要吃素席。我13岁就跟着父亲到各寺院和顾客家中跑大棚，打下手。广化寺、广济寺、贤良寺等处都常去，那里的和尚们多是"全素刘"的熟顾客，有两位叫悟性和玉宗的法师同我们建立了深厚的友谊。

"全素刘"自我祖父创业到我父亲接手经营，生意越做越兴旺，以20世纪30年代中期为最好。但我家人口多，耗费大，资本小，经营规模并没有得到发展，东安市场那个小摊子的日销货量始终保持在40斤左右。

北京当时还有功德林、菜根香等几家素菜馆，资本都比我们大，彼此之间也有竞争。有一次，我们到打磨厂一家商号去做素席，正好有人从功德林也要了两桌素席送来，一比较，功德林的素菜不是真正清素，四大件也都不成型；用料比我们的差，价钱还比我们贵。从此打磨厂和崇外一带商号定做素席，基本上都由我们包了。1939年，功德林曾请我祖父去当厨师，祖父谢绝了，原因是他不愿把技艺传给外人，他对我们说："咱家的技术不外传，你们小哥儿们多，家口大，没点养家本领不行。你们要好好地学。"

北京解放后，我家的素菜摊照常营业，生意也很不错。1953年，我家将"全素刘"改名为"全素斋"。

从20世纪50年代到60年代初，我们曾多次被国家请去制作素菜招待外宾。有一次，我随父亲到北京饭店做素菜，共做了四个菜，其中一个叫作翡翠玉片，颇有西点味道，外宾最喜欢吃。这是我父亲新创制的菜，做法是：把鲜藕切片，每两片藕夹上用香蕉、蜂蜜、桂花等做的馅，裹糊焦炸，用蜜汁浇裹，撒上青梅丝即成。1954年，缅甸总理吴努和印度总理尼赫鲁先后访问我国，彭真市长请我祖父和父亲到北京饭店做国宴的素菜。后来还到人民大会堂去做过几次，都很好地完成了任务。为此，当时北京市副食局局长给我祖父连升三级，授予一级技师职称，给我父亲连升两级，授予二级技师职称，并发给任命书。我祖父感动地说："在旧社会谁瞧得起咱们！现在党和毛主席对劳动人民这样关心！咱们一定得好好地干，把祖国的素菜烹调技术发扬光大。"我们全家人都深以能为国家献艺而感到光荣！

合营以后

1956年，在私营工商业社会主义改造高潮中，"全素斋"加入合作商店。参加工作的有我祖父、父亲、母亲和我。祖父为一级技师，父亲为二级技师，我是辅助工。1958年改为公私合营，依照"以肥带瘦、以大带小"的原则，并入春元楼饭馆，但仍在原址售货。由于做菜所用主料、辅料都由副食部门供应，而饮食、副食分属两个系统，购料很不方便，所以合并几个月后又改由东城区副食管理处领导，营业地点也由南花园迁至市场北门，后又迁到八面槽西堂子胡同西口。重新开业时，新华社和《北京晚报》都发消息作了报道，还照了相。那时的"全素斋"已调入新的职工，不再全是刘家的人了，但因受原材料的限制，也只能生产40多种素菜，我祖父和父亲的技艺未能充分发挥出来，新来的职工所学技艺也不多。三年困难时期，原材料奇缺，品种愈来愈少。我祖父年老不能工作，我父亲被调去收购大白菜，他们制作素菜的传统技艺面临夭折的危险。我那时仍是辅助工待遇，因工资微薄，不能维持生活，于1963年改行，转到建筑部门工作。

我和弟弟刘文成自幼跟随祖父和父亲制作素菜，多年耳濡目染，特别是受两位老人的认真传授，已基本上掌握了"全素刘"从选料到制作的全套技艺，可以做200多个品种。我的祖父和父亲生前非常珍视他们的精湛技艺和毕生所积累的经验，临终前都再三叮咛我们不要丢掉这份宝贵遗产。

近年来，我与弟弟刘文成曾应东城区饮食公司、第二服务局、食品研究所以及佛教协会等单位的邀请，去做素菜烹调表演，前来观摩的都是行家里手，还有特级、一级厨师，他们在参观、品尝之后，表示满意。

为了继承我国传统的素菜烹调技艺，恢复祖传的宫廷素菜风味特点。我的弟弟刘文成自带两个徒弟，于1985年12月20日在北京站西街办起了素菜馆，重新挂出"全素刘"的招牌。目前他们已能供应各种凉菜、热菜和成桌菜。虽然门脸小、人手少、素菜供不应求，但他们有决心扩大发展素菜营业，为丰富和美化人民生活，增进国际友谊，做出自己的贡献。

月盛斋马家老铺

马霖 口述　马永斌 整理

　　闻名全国的月盛斋马家老铺，是我太老祖马庆瑞于清乾隆四十年（1775 年）创办的，到现在已有 200 多年的历史了。这期间，从我的太老祖马庆瑞，经老祖马永祥、马永富，巴巴（回民管爷爷及爷爷的兄弟统称巴巴）马吉昌、马吉声，伯伯（回民管大伯、叔叔统称伯伯）马德成、马德明、马德忠（我父亲马德清早死，我们跟伯伯们生活），到我们这一代，整整五代，代代相传。由于我家在制作酱羊肉和烧羊肉上，选料认真，制作精细，火候适宜，因此做出的肥肉不腻，瘦肉不柴，不腥不膻，香味纯正。所以长期以来，月盛斋酱肉深得人们的赞许，四远驰名。

一

　　我们是回民，祖居北京广安门内牛街。我家原是城市贫民。我太老祖的父亲，没有固定的职业，今天这家办喜事他去给看门，明天那家办丧事他去端盘子洗碗；夏天去卖冰核儿，冬天去卖大花生。我太老祖约生于清乾隆十年（1745年），在七岁时断断续续地念了不到一年的私塾就辍学了，后来跟着他父亲去做小买卖。他长到十七八岁，经亲戚的介绍，去礼部衙门当临时差役。礼部举办祀典时，让我太老祖看供桌。这差事虽然是低下的、临时的，但对一个今天吃东家明天吃西家，有事做吃半饱，没事做饿肚皮的人来说，算是最好的活了。他做事勤快，从不偷懒，把自己的活干完了，还能帮助别人做些事，很受一些太监和差役的喜欢。因此，每逢礼部有事，就找他去。日子一长，管事的官吏有时也把祭祀用过的供品赏给他一些。一次，他领到一只"全羊"，拿回家后吃了些，剩下的就弄个担子，挑到街上去卖生肉。从此以后，他经常去卖领到的羊肉。我太老祖看卖羊肉的营生要比看供桌强多了，也就不再去看供桌，而以廉价从差役手中收买"祭羊"，专门做起了生羊肉的买卖。

清朝乾隆年间，前门外的荷包巷是繁华的商业区。《清代北京竹枝词》上写有："五色迷离眼欲盲，万方货物列纵横。举头天不分晴晦，路窄人皆接踵行。"这是对荷包巷形象的描写。原来正阳门共有三个门洞，中间门洞设而不开，供皇帝出入，月城东西设二洞门子为官民出入。在东西门洞子外，各有一个扇面的月墙，直至正阳桥。在这狭窄的扇面月墙的走廊里，店铺林立，大多搭的是临时棚，也有盖起房子的。西月墙卖帽子的多，叫帽巷；东月墙卖荷包的多，叫荷包巷。后来统称荷包巷。我太老祖在西月墙帽巷有个熟人，就在帽巷挤了一块约三尺长、二尺宽的地方，天天推一辆小车来此设摊卖生羊肉。这买卖倒不错，但赚钱不多。他看见人家卖熟肉的，卖的肉虽不多，可是赚钱却不少，因此也想煮点熟肉卖。我太老祖看供桌时，曾在御膳房替厨子烧过火，洗过碗，同一位专做羊肉食品的厨子关系很好。这位厨子做的酱羊肉，在宫内人人说好，我太老祖暗自留心，偷着学会了。这样，他就在家里试着做了些酱羊肉，摆在帽巷卖。因为东西荷包巷出入的官民很多，其中有的人认识他，知道他曾在御膳房帮过忙，手艺是从御膳房学来的，御膳房厨子的手下做的食品，色最美，味最香，人人都想尝尝；加上我太老祖做的酱羊肉味道也确实不错，因此顾客很多，一天做多少就卖多少，生意越做越兴旺。

做了几年的好买卖，手头儿也就积攒了几个钱。他想，买卖虽好，但摆摊不是长远之计，遇风雨就得收摊；得找间房子，把买卖做大点，这才是正路。正好有个姓金的旗人，在前门内户部衙门旁边有三间筒子房，闲着没用。那些认识我太老祖和常买他的酱羊肉的人，就怂恿他把房子租过来，开个羊肉铺。在清朝，不仅回民喜吃羊肉，满人、蒙古人也都爱吃羊肉；一部分汉人，他们有的虽然嫌羊肉膻，不喜欢吃，但要和满人打交道，也就陪着吃起羊肉来了。那年月，天安门前以东是清朝政府衙门集中的地方，如果把店铺设在户部旁，出入衙门的人买酱羊肉，可就方便了。经过"中人"来往说合，最后我太老祖同姓金的订立了租赁契约，言明房子没有押租倒价，是平租平赁。乾隆四十年（1775年）春天的一个吉利日，买卖在户部街正式开张，店名"月盛斋"，取"月月兴盛"之意。

二

我听伯伯们说，清朝时，从正阳门内到大清门前叫棋盘街，又叫千步廊。街东有一个牌坊曰"敷文"，这是东交民巷的西口，街西有一个牌坊曰"振武"，是西交民巷的东口。这个千步廊同前门外的东西荷包巷一样，店铺一家挨一家，有香店、棉花店、布店、烟袋店等。在大清门左右，往北各有一道红墙，直到天安门前大道的南边，同东西红墙相连。红墙东边这条街，叫户部街。户部街从北往南依次是宗人府、吏部、户部、礼部，皆朝西临街。月盛斋就在户部的南边，路东朝西一间门脸的三间筒子房，后面有一个小院。店门前挂一块蓝布幛子，上面用白布条缝着"月盛斋马家老铺"七个大字。月盛斋没设在商业繁茂、人口众多的荷包巷和前门外大街，也没设在店铺云集的棋盘街，却设在这行人稀少、衙署众多的户部街，这说明，当时月盛斋的营业对象主要是宫廷内侍和衙署官吏。

月盛斋正式开张后，门市经营生羊肉和酱羊肉，而且从这时起，礼部祭祀用的"全羊"就由月盛斋供应。凡礼部举行祭天地、神祇、太庙、陵寝、先圣先贤、忠烈名臣等祀典和皇室婚嫁、庆寿、册封、颁诏、丧礼等活动时，都要用"全羊"。这种"全羊"怎样做呢？先选肥壮的大绵羊，把羊捆好，杀羊的人拿一把七八寸长的尖刀在羊脖子处捅进，直接扎羊的心脏，使其死亡。俟羊血流尽，在羊的一只腿的里侧，用尖刀割一小口，使其与腹部相通。人用嘴对着腿上破口吹气，把羊吹鼓，放入热水锅中，煺去周身的毛。这样，祭祀用的"全羊"就做成了。祭祀时，把羊摆在供桌上，头支起，前腿跪着，后身趴下。每次不管是祀典还是庆典，都用月盛斋的"全羊"，便宜坊①的"全猪"，聚庆斋的饽饽。

后来月盛斋所以名扬全国，与其说是它的"全羊"换来的，不如说是五香酱羊肉赢来的。从我太老祖就开始制酱羊肉，但是真正做成五香酱羊肉行销全国，那是清嘉庆年间（1796—1820）我老祖马永祥、马永富时候的事了。当时我老祖得到太医院太医的帮助，对原来制作酱羊肉的调料配方进行修改，以丁香、砂仁、桂皮、大料等为主药，外加酱和

---

① 老便宜坊在宣武门外米市胡同。

盐调味。用这个配方制作的酱羊肉不仅味道鲜美，营养丰富，而且可以促进食欲，开胸理气。有好的配方，还得要有精细的操作工艺。我老祖为了总结经验，常常从羊肉下锅到制成出锅，在操作室一待就是一夜。经过多年实践，他总结出：第一，要选用好羊，而以西口大白羊最好。但当时这种羊不好买，不是缺货就是价钱太贵用不起。因此，我老祖等人就专从西口买来四五十只大白羊，养在月盛斋后院，派人精心饲养，供选择使用。做酱羊肉专用羊的前半截，还要根据前半截的不同部位，精工细切，块儿切小了容易碎，块儿大了不易入味，必须看肉下刀。第二，调料要精细。各种调料要认真挑选，不怕价高，必须用质量好的原材料。第三，掌握好火候是很关键的一环。掌锅的人，要细心观察肉色的变化和火的强弱。开始用旺火煮约一小时；锅开后，水面上冒出浮沫，要不断用长柄大勺把它撇去，改文火煨六七个小时。用旺火煮可去腥膻、杂质和杂味，文火煨可以使各种调料之味渗入肉中。第四，加对"老汤"，加重肉的味道。"老汤"就是我们说的"陈年宿汁"，在每次制作酱羊肉后，都要留下些浓厚的汤汁，放在坛中，等下次煮肉时，把它放到锅里，所以我们的酱羊肉有"百年老卤"之说。不仅以上几个方面我们很讲究，就是使用的工具，也必须是广锅、广勺，尤其是锅，不是"三道线"广锅不用。

制作酱羊肉的季节，一般从秋天到春天，旺季主要在冬三月。每年到入夏后，酱羊肉就进入淡季了。为了在夏季有生意可做，我的老祖研究试制夏季食品烧羊肉。北京人爱吃面食，像馒头、烙饼、面条等，尤其爱吃抻条面。面条的吃法也随着季节不同而异，冬季吃锅挑儿的炸酱面和卤面、热汤面；入夏后，人们要吃祛暑、凉爽开胃，又可增加营养的过水面。酱羊肉的制法是扣汤，烧羊肉是宽汤。月盛斋的烧羊肉每天都是中午制作，下午出售。居民用个大碗，少买肉，多要汤，用烧羊肉汤浇过水面，佐以黄瓜丝，吃到嘴里，面凉汤温，味道鲜美，是一种别具风味的夏季美食。《都门杂咏》曾用"喂羊肥嫩数京中，酱用清汤色煮红。日午烧来焦且烂，喜无膻味腻喉咙"来赞扬月盛斋烧羊肉好吃、适口。

月盛斋除了卖酱羊肉、烧羊肉外，还卖传统的白羊头肉、炸松肉、糖卷果和炸枣卷果等。

三

在我老祖还很健壮时，我巴巴马吉昌就已经在月盛斋独当一面了，从制作到门市营业样样皆行。他生活在清嘉庆、道光、咸丰、同治四朝年间（1805—1874），这时清朝统治者正走着下坡路，那些贵族、官僚的生活极其腐化。月盛斋的房东是旗人，他们一家大大小小成年累月不做事，就依靠宗人府发的钱粮、禄米过日子。早晨起来去茶馆喝茶、吃点心，中午饭和晚饭必须有鱼有肉。他们不仅养鸟，而且还养狗、养猴、养鹰，过着养尊处优的日子。这种生活，只靠宗人府发的钱粮、禄米哪能维持？因之他们到处借钱。每月来月盛斋收房租时，我巴巴都是远接远送，好吃好喝，除房租外，借多少钱给多少钱。天长日久，他们所借的钱太多了，无法偿还。最后实在不好再借了，就自动对我巴巴马吉昌说："钱我无法还了，把房子卖给你吧！"不久，我巴巴马吉昌请出两个"中人"，一个写字先生，在一家饭铺里立下字据，房子归了我们。

我的两个巴巴死后，我伯伯马德成等支撑着月盛斋的生意。这时正是清朝末期，月盛斋除了接待北京的顾客外，外省来京的顾客也不少。我们为了让外省顾客携带酱羊肉方便，特别制作了一些白铁长方形扁匣，匣盖上用油漆写着"京师月盛斋马家老铺·五香酱羊肉"，外有两行小字："精工制作，四远驰名，前门内户部街路东。"这种匣子专为装酱羊肉用。清末崇彝写的《道咸以来朝野杂记》上有这样一段话："正阳门内户部街路东月盛斋，所制五香酱羊肉为北平第一，外埠所销甚广，价之昂亦无比。所称一斤者，不过十两①；装以铁匣，其精致也与罐头金华火腿等。"这是怎么回事呢？这是做买卖的生意经。因为秋天羊多羊肥，羊价平稳；春天以后，羊少价钱提高。月盛斋为了让顾客看不出酱羊肉涨钱，一到春天，卖一斤就只给十两，铁匣子里多放些荷叶、白菜叶子，塞实匣子充分量。表面不涨钱，而用减分量的办法涨了价。

入春以后，买卖虽然进入淡季，但是到了旧历四月还有近一个月的好买卖。因为每年旧历四月初一至十五日，是京西妙峰山碧霞元君庙会的日子。清末民初，妙峰山的庙会极其热闹。庙会期间，去妙峰山朝顶进香的香客白天黑夜络绎不绝，不仅有北京的香客，而且还有天津、河北等地的香客。从三月底起，月盛斋的顾客就逐渐增多，等进香的人从妙峰山回来，不少人要绕道进城来月盛斋买酱羊肉。买卖直做到四月底，这段时间能赚一大笔钱。

月盛斋的酱羊肉在宫廷内销售得就更多了。慈禧太后爱吃我们的酱羊肉，她为了让我们进宫送酱羊肉方便，于 1886 年 1 月 10 日（光绪十二年十月十二日）特发给月盛斋四道"腰牌"（出入宫门的证件），并经常派亲信太监李莲英来月盛斋买酱羊肉或代表她给我们一些赏钱。

正是买卖不错的时候，1900 年 8 月，俄、英、德、法、日、意、奥、美等帝国主义军队攻进北京，他们逐门挨户抢劫财物，杀人放火，侮辱奸淫妇女，无恶不作。英军把抢到的财物进行拍卖，然后按官阶高低分赃。日本军队从户部抢去 300 万两库存白银，为了掩盖罪行，放火

———————————

① 当时用的秤一斤合十六两。

烧了户部衙门,这就是"庚子事件"。月盛斋正在户部旁边,在外国侵略者烧杀抢掠的威胁下,被迫迁到广安门内果子巷营业,等帝国主义匪兵撤走,才搬回户部街旧址。这是第一次搬家。第二次被逼准备搬家是在 1937 年抗日战争爆发的前夕。当时月盛斋旁边的前门邮政局局长是意大利人巴里地,他要扩建邮局,嫌月盛斋碍事,逼我们搬家。我们当然不搬。他看我伯伯马德成很硬,就找月盛斋的房东,想用房东收房的办法逼我们,但一打听,没有房东,铺底是月盛斋自己的。于是他就以外国主子的身份去找当时北平市市长秦德纯,想让秦出面把月盛斋赶走。可是,秦德纯没有完全听巴里地的话,他对巴里地说:"这是民间的事,只能商量解决。"巴里地被碰了回来,没办法,就托人说合,在一家饭馆请我伯伯马德成吃饭,谈判月盛斋搬家的事。谈判的结果:(一)月盛斋自己找房或找地盖房,由前门邮政局付款。(二)月盛斋搬家后,月盛斋店主马家的子弟可以入邮政局做事。但是,不久七七事变爆发,北平沦陷,巴里地回国,此事就作罢了。

四

因父亲早亡,我和弟弟马玉、马雯都是依靠伯伯们生活长大,后来又在月盛斋学徒。伯伯们相继去世后,我就掌管了月盛斋的买卖。我在月盛斋管事是在抗日战争的中期(约 1940 年),这段时期是月盛斋自创办以来最艰苦最难熬的时候。自北平沦陷,日寇疯狂搜刮掠夺中国人民的财富,百业凋敝,工商业纷纷倒闭。月盛斋的生意勉强维持,羊不好买,没办法,就开始酱制牛肉。这是做酱牛肉的开始。月盛斋的旁边正是伪北平市警察局,我们开门营业,伪警官、特务们你来我走,都想白吃酱牛肉,我们稍有怠慢,不是骂,就是打。好容易熬到日本投降了,可是国民党反动派又来了……及至北平解放前夕,月盛斋已是奄奄一息了。

正在这走投无路的时候，1949 年 1 月北平解放，月盛斋这才获得了新生！

1950 年，北京市人民政府计划扩建天安门广场，月盛斋再次搬家。但这次与以往不同，在人民政府妥善安排下，从前门内户部街迁到了前门外五牌楼以西的永增和银号旧址，地处商业繁华游人众多的前门外大街后，买卖日渐恢复。1956 年在对工商业进行社会主义改造中，月盛斋实行公私合营。

从我太老祖起到我们这代，月盛斋历来都是马家人自己干，不用外人，制作酱牛羊肉更是马家的独门技术。在党的教育下，我和马玉抛弃了"艺不传外人"的保守思想，收了异姓青年为徒，培养了生产经营骨干。

正在月盛斋恢复发展时，1966 年"文化大革命"爆发了。在运动中，月盛斋被斥为"四旧"，改名"京味香"。从此，不仅月盛斋的牌子没了，而且酱牛羊肉的风味也没了，精工细作变成了粗制滥造。

1976 年粉碎"四人帮"后，月盛斋恢复了老字号，店门外"月盛斋"的黑漆金字大匾又挂上了，旧存的说明招牌在店内南墙上也挂起来，上面写着："本斋开自清乾隆年间，世传专做五香酱羊肉、夏令烧羊肉，均称醇香适口，与众不同。前清御用上等礼品，外省行匣，各界主顾无不赞美。天下驰名，只此一家。诸君赐顾，请认明马家字号，庶不致误。"经过整顿，月盛斋营业也有了很大发展。

我见到月盛斋的酱牛羊肉名特产没有失传，也就安心了。

北京六必居老酱园

贺永昌 口述　　沈鸿娴　任志 整理

六必居相传创自明朝中叶，迄今为止已有 **400** 多年的历史。挂在六必居店内的金字大匾，相传是明朝奸相严嵩题写的。至于六必居创立的确切年代，目前还不得而知，但围绕这块老匾的种种传说，却为它增添了神奇的色彩。

"六必" 的来历

六必居为什么叫"六必"居？"六必"有什么含义，又有什么奥妙？长期以来，其说不一。有的说，六必居最初是六个人合开的买卖。他们托严嵩题匾，严嵩就写了"六心居"三个字。写完后一想，六心岂能合作？于是提起笔来，在"心"字上添了一撇，成为"六必居"。

还有的说，六必居起先是个小酒馆，它酿制的酒很香，远近闻名。在酒的酿制过程中，要做到六个必，即"黍稻必齐，曲蘖必实，湛之必洁，陶瓷必良，火候必得，水泉必香"，因此人称六必居。

其实，这些都是好事的文人编造的故事。六必居是山西临汾西杜村赵存仁、赵存义、赵存礼弟兄三人开办的小店铺，专卖柴米油盐。买卖人没有什么高深的文化，他们讲话："开门七件事：柴、米、油、盐、酱、醋、茶。"这七件是人们日常生活必不可少的。六必居除了不卖茶，其他六件都卖，因此就起名叫六必居。六必居也兼营酒，还卖青菜，至于制作酱菜，则是稍后的事。

伏酒和蒸酒

过去北京城 40 里以内没有烧锅，六必居经营的酒是从崇文门外花市以南的天顺等酒店买进来的。当时那一带有八家大的酒店，专门搞批发。六必居虽然不做酒，但深知酒好在于醇。为了招揽生意，就对提高酒的醇味加以研究。把买来的酒放在老缸内封好，经过三伏天，等半年后再开缸，酒味比刚酿得的好得多。这种酒六必居管它叫伏酒；还有一种叫蒸酒，味道也很醇香，很受顾客的欢迎。伏酒和蒸酒的度数，一般可以达到 69 度，比市面上出售的要高。那时连宣武门、西单一带的居民，要喝个四两半斤的，也到六必居来打。时间长了，就有人打着六必居的旗号卖酒。针对这种情况，六必居采取了卖酒"打票"的办法，即给买酒的顾客一张小票，上面注明是某月某日某时售出的，以证明酒确实售自六必居，从而维护自己的声誉。

庚子大火以后

六必居开业时的股份只有赵姓三个，被称为老三门，当时资金 12000 两白银。经过几百年的发展，到 1955 年合营改组时，股份达到 34 门。其中只有两门外姓，一个是道光年间的经理贾颐，另一个是庚子年间的经理霍凌云。那时要想在赵姓中加进股子可不容易，情况是这样的。

道光年间某年，六必居因经营不善，亏损了 1800 两银子。经理贾颐自己掏出 1800 两银子补足了亏空。东家看他尚能将功补过，就让他以这 1800 两银子立了一股。

庚子年间，八国联军打进北京。义和团火烧卖洋货的商店，前门外一片火海，观音寺、大栅栏、粮食店……遍地是火。当起火时，以张夺标为首的伙友首先把六必居的老匾抢出来，送到崇文门外东晓市一带的临汾会馆，而六必居被烧得只剩下后场的两间房子。东家一看买卖做不下去了，就发给伙友们回家的路费，自己也回山西去了。留下看房的只有经理霍凌云一个人，伴随他的还有一只狗。第二年，在霍凌云的主持下，照原样重修了六必居。木料是曾被东家辞掉的学徒孙万泰从修故宫剩下的木料中偷来的。东家看霍凌云重整旗鼓有功，就送给他 1000 两银子作为酬谢。霍凌云没有取银子，他把银子放在柜上吃股，这叫虚本实利。

霍凌云之后的经理是李向荣，其次是孙万泰，后来是张夺标。一般人都是从账房升经理，张夺标是因大火中抢匾有功，由粮柜上直接升为经理，一直干到新中国成立。

酱菜的选料与制作

六必居最出名的是它的酱菜。当时北京的酱园大致可以分成三类：一类是老酱园，多为山西人所开，除六必居以外，我记得还有中鼎和、西鼎和、北鼎和和长顺公等；一类是京酱园，有名的像天义顺、天源等；还有一类是山东屋子（油盐店铺），为山东人所开，像桂馨斋、兰馨斋等。那时南方的酱菜也有一些，像榨菜、佛手疙瘩、大头菜、腐乳等，但多是在北京的酱园寄卖。六必居是北京所有酱园中历史最久、声誉最著名的一家。它每年前半年进货，后半年销售，买卖从冬三月做到春起。到了二月十二，酱菜也卖出去了，缸里也空了，地下四五个大罐子也装满了一袋一袋的银圆。

六必居有 12 种传统产品，它们是：稀黄酱、铺淋酱油、甜酱萝卜、甜酱黄瓜、甜酱甘螺、甜酱黑菜、甜酱包瓜、甜酱姜芽、甜酱八宝菜、甜酱什香菜、甜酱瓜和白糖蒜。这些产品色泽鲜亮、酱味浓郁、脆嫩清香、咸甜适度。六必居的酱菜所以出名，是与它选料精细、制作严格分不开的。

六必居酱菜的原料，都有固定的产地。这些产地一般都有几十年以上的历史，这些产地的农户，往往世代相传，成为六必居的老客户。

酱菜腌渍的好坏，与酱本身的质量有很大关系。六必居自制黄酱和甜面酱，保证了酱的质量。它的黄豆选自河北丰润区马驹桥，其特点是粒大、饱满、色黄、皮薄、油性大。六必居还选用过通州永乐店的金粒黄豆，这种黄豆虽然粒小，但圆满、色黄、油性大。白面选用京西涞水县一等小麦，自己加工磨成伏地面（重箩的细白面）。由于这种小麦黏性大，特别适宜制作甜面酱。

其他原料，如制作白糖蒜，选用长辛店李村李恩家或赵辛店范祥家种的"白皮六瓣"，每头重一两二三，七八头就一斤。夏至前三天起出来，不然就会老。买的时候要带泥，以保持新鲜。

制作甜酱萝卜，选用广安门外一户姓王的种的萝卜。这种萝卜不同于一般的小萝卜，它个儿不大，长得像蒜头，做出的酱菜不糠不艮，又脆又嫩，别有风味。可惜这种萝卜后来再也没有见到。

制作甜酱包瓜的香瓜，选自永定门外小红门牌坊村王光益家种的"八道黑"；制作甜酱瓜的白瓜，选自小红门一带的老洋瓜。它们都是六七成熟时就摘下，这时瓜子还不太显。不然，摘早了肉薄，摘晚了皮厚，腌渍出来都不好吃。

莴笋选自广安门外太平桥乡湾子村韩文亮家种的青莴笋，不要白的，不要细的，要一斤一条。黄瓜选自安定门外前花园一带的五寸秋黄瓜，不仅要顶花带刺，还要挂白霜。此外，南郊海慧寺的五寸白根小萝卜，通州的宽叶老韭菜，广安门外大小井村的甘螺，丰台卫墙校的青扁豆等，都各具特色。到了收获季节，就由这些老客户赶着大车送货上门。六必居在收购原料时，按质论价，优质高价，往往比一般的牌价要高。

六必居制作酱菜，有一套严格的操作规程。一切规程，由掌作的一人总负责，如有违反或失职，就要受到严厉的指责或处分。

比如酱的制作，从酱料的发酵到酱的发酵，每个环节都要严格把关，认真操作。先把豆子泡透蒸了，拌上白面，搁在碾子上轧，再放到模子里，垫上布用脚踩 10 天到 15 天。然后把它拉成三条，剁成块，放到架子上码好，用席子封严，便开始发酵。在发酵后期，还要不断用刷子刷去酱料上的白毛。经过 21 天，酱料才能发好。酱料发得不够，就有生味；发得过了，就会有苦味。现在采用的高温快速发酵法，只用 72 小时，由于时间短、温度高，有的地方发得过了，有的地方发得还不够，制成的酱，味道远不如老法制成的。

酱料入缸加盐对水以后，关键是打耙。打耙就是用一木柄耙子（底部固定一块方木板），在酱缸内上下搅动，使发酵均匀。六必居规定，不仅要按指定时间打耙，而且每次要保证一定的耙数，务必把浊气放尽。开始时，每星期打一次，每次打八耙。到了伏天，每天要打七次，每次打十耙。天气特别热时，一天还要多打一两次，每次增加两三耙。过了伏天，逐渐减少打耙的次数。到了酱快好的时候，每天只打三次，每次十耙。这样制成的酱叫伏酱，不仅色泽鲜亮，吃起来还感到后味发甜。

再比如甜酱瓜的制作，也是一环扣一环，要求很严格。老洋瓜要清晨摘下，必须赶在中午以前送到。货到后立即组织全体人员用清水洗净，按一斤瓜一斤盐的比例放入盐水中，浸泡 36 小时后投入酱料。经两天两夜再将瓜捞出，放在太阳底下晾一两天，好天气晾一天就可以，中间翻一次（放气）；不好的天气要晾两天，翻两次。然后再入甜面酱缸，以后每天打耙七八次，每次打十耙。打耙的时间有具体规定，最早的一次是清晨 5 点半，最晚的一次是晚上 9 点半。如果天气特别热，还要多打一两次耙。夜里还要有值班的，遇到下雨要立即叫醒全体人员，5 分钟内务必将缸盖全部盖好。

正是这种严格的操作规程，保证了六必居酱菜过硬的质量。六必居生产的铺淋酱油，是酱油中的高档产品；它生产的甜酱包瓜，是酱菜中的高档产品。虽然价钱都很贵，但人们认为货真价实，多花几个钱也乐意。到了年节，人们还常以这些高档酱菜作为送礼的佳品。

屡次获奖　载誉中外

民国 24 年（1935 年），六必居的酱菜参加了在青岛召开的铁路沿线出产货品展览会，得到了优等奖。后来还参加了在日本名古屋举办的展览会，展品中的干黄酱、铺淋酱油和罐头酱菜，均受到好评。

我还记得这样一件事，抗战胜利后，蒋介石曾于 1945 年秋来到北平，一次在中南海设宴，点名要六必居的酱菜。那次是我送去的，送的就是蒜头形状的甜酱萝卜。到了那儿以后，我就在厨房待着。我想，这甜酱萝卜整着怎么往上端呀？我就叫厨师切成细丝，拌上葱丝，再淋上香油，这样才端了上去。一会儿，就听有人传来话，说上面夸奖酱菜好吃。后来，还真把我叫进去，一直领到蒋介石的跟前，蒋介石摸着我的脑袋，连声说"好"。

此外，我还给傅作义、温寿泉、侯少白等家送过酱菜。

中华人民共和国成立以后，在酱菜行业评比中，六必居经常获得总分第一名。但"文化大革命"开始后，六必居被改名为北京宣武区酱菜厂门市部、红旗酱菜厂门市部。直到1972年日本首相田中来我国访问，他问周总理："你们北京有一个六必居？"周总理回答说："有。"第二天就通知有关方面把六必居的老匾挂了出来。可见，六必居在海外是很有名声的。

经营管理上的三个特点

六必居在经营管理方面，也有一套办法，这里仅举出其中的三点。

内怕长支外怕欠。做买卖手中就要有钱，买卖人常说："内怕长支外怕欠。"如果内债外债太多，就会把买卖压垮。六必居几百年的经验，有一条是任何人都不准超支或长支店里的资金，对外经营也不欠债，早在道光二十六年（1846年）重订的伙规条款中就曾明文规定：

"东伙俱不须悬挂借贷银钱。倘有借贷，唯管事者是问。"

"银东支使钱文随时扣除，伙计支使银文，临回里之时须要还清。"

"银东按五厘定支，伙计按六厘定支，自定支之后，不得越支。"

"银东支使银两按两季开付，伙计支使银两按四季开付，不准早支。"

在日本投降以后的国民党统治时期，物价飞涨，为了保存资本，六必居还采取了存货不存钱的办法，以维持买卖。

不用"三爷"。六必居前店后厂，共三亩多地。前店柜台上多是山西临汾、襄汾两县的人，他们心眼灵活，精明能干；后厂作坊多是河北唐县、完县的人，他们手脚勤快，吃苦耐劳。六必居规定，企业不用"三爷"（少爷、姑爷和舅爷），因为"三爷"不听使唤。这样，六必居不养吃闲饭的人，经理也便于管理职工。

喝"栏柜酒"。每天晚上营业完了，店里总有个小型聚会。东家炒两个菜，把酒热上，掌柜的邀请上市的（采购人员）、跑外的、管账的等人一起喝栏柜酒。这个形式虽然很随意，但这个酒可不是那么好喝的。掌柜的不喝酒，就问这些人当天经营的情况。比如对上市的，就问他油市、粮市、菜市的行情，各市还要问三个行市：买之前的行市、买时的行市和现在的行市。如果答不上来，就是失职。对管账的，要求能回答出钱柜上出多少、进多少，要一清二楚。俗话说："买卖常算，庄稼常看。"稀里糊涂可不行。这种小型的聚会，既可以摸清情况，做到心中有数，又便于把企业骨干拧在一起。

恢复特色　前景光明

新中国成立以后，六必居的酱菜面向劳动人民，日益大众化。公私合营后，增添了一部分机器设备，翻修了厂房，改善了工人的劳动条件。职工人数已由新中国成立初期的六七十人增加到目前的 300 多人。酱菜年产量达到 5000 多吨，比新中国成立前提高了数十倍。1976 年，唐山大地震后，在副食品供应一度紧张的情况下，酱菜成为人民生活的必需品，解决了不少问题。

但是，随着城乡人民生活水平的不断提高，人们对于高档酱菜的需求量也日益增加。现在，人们的食品结构发生了很大变化，肉、蛋、奶的食入量大大增加，酱菜在人们心目中的地位不仅没有降低，反而大大提高了。特别是一些高档酱菜，成为人们爽口解腻的理想菜品。根据我国人民的口味来看，酱菜将向着低盐低糖或略带辣味的方向发展，而这也恰恰符合六必居传统产品的基本特点。

六必居长期以来，场地小，设备旧，虽然做出很大努力，产品仍然供不应求。这一情况已引起党和政府的极大关注。

为了从根本上解决酱菜供求的紧张关系，恢复六必居酱菜的特色，六必居扩建了新厂房，并引进两套现代化生产流水线，一套是罐头生产，另一套是软包装生产。

可以预见，不久的将来，古老的六必居一定能焕发出青春的活力。

风味独特的酱菜园桂馨斋

张宝堃

近年来，人们对北京老字号的兴趣越来越浓了。有人说，鹤年堂和甲骨文有关，六必居和酒坊有关，桂馨斋和"老佛爷"有关……但是，我觉得更重要的应该是和历史事实有关。

我是桂馨斋的最后一代传人沈尚哲先生的姑爷。因此，我总想把我了解的情况告诉给大家，以期还历史以本来面目。

20 世纪 50 年代，前门区和宣武区合并，为了集中生产、便于统一管理，将以桂馨斋为主的北京市宣武酱菜厂合并给六必居。然而，实际上六必居和桂馨斋的酱菜并没有共同之处。桂馨斋之所以能存活至今，正是因为它的酱菜和北方的不同。

六必居原来是酒坊，这本不该有什么争议。可在社会上总流传着这样一种说法：之所以叫六必居，是因为它除了茶叶以外，柴、米、油、盐、酱、醋六样生活必需品都卖。并且说，六必居的匾额是明朝嘉靖年间的大学士严嵩题写的。但对于售卖这类东西的店铺而言，身为大学士的严嵩恐怕是没有可能光顾的，反而喝酒的店铺高低贵贱、行行业业的

桎馨斋

人都能去得。由此可见，"六必居"起初只能和酒有关。有人曾煞费苦心去山西临汾考证，但也只核实出是酿酒还是卖酒，和开门七件事无关。

六必居建店的时间是清雍正六年（1728年），最初店名为"源昇号"，是临街的酒坊，在大栅栏东口。所谓明朝建店、位置在"粮食店街"的说法是不准确的，因为明朝还没有这个名称。

清乾隆元年（1736年），北京宣武门外菜市口东侧，原骡马市大街路北铁门胡同口内，开了一家酱菜园子——桂馨斋。

南方醇香又略带点甜口的酱菜吸引了北京人，桂馨斋办得越来越红火，一天比一天名气大，很多人也开始做起了这一生意。做酱菜少不了井，每家把井都打在自己屋里，据说，当时铁门胡同里有72眼井。虽说有不少家经营酱菜，但挂出字号的却没有几家，什么兰馨斋、瑞馨斋……也有不挂牌的，但不管数量有多少，都没有桂馨斋办得好。

出于好奇，我经常问岳父一些有关桂馨斋的情况。岳父说，沈家的祖上在酱菜园子刚建时，就是其师父的大徒弟。他还给我讲了桂馨斋的故事。

　　大概是在雍正年间，从南方来了一对夫妻。刚到北京，他们是两眼一抹黑。北京的南城就是穷人区，好发展，干什么的都有。夫妇俩没有其他手艺，把自己在南方家里年年腌渍的咸菜做一些在街上卖，还真有人认。后来两人在菜市口的大街上摆了个摊，酱菜的咸味加上甜香味和便宜的价钱，深受穷苦百姓的欢迎。"这个地摊卖的不是北京人平常吃的咸菜""与六必居有不同味道的酱菜"，在京城一传十、十传百，酱菜摊的知名度越来越高，招徕了不少顾客。两人的汗水终于没有白流，不只换来了养家糊口的钱，还有了富余。有点钱了，也就有了开店的想法，这才在铁门胡同内开了一家桂馨斋。

　　"桂"即桂花，别称木樨；用桂花编制而成的冠则称"桂冠"，所以又有"折桂"之说，取其清香高洁之意。"馨"是指芳香沁心悠远。另古人多把读书、藏书的地方称之为"斋"。东汉许慎在《说文解字》中则称："斋，戒也。"言下之意，"斋"乃是清心洁净之处，包含有一种恭敬、清雅的意思。用"桂馨斋"做酱菜园子的字号，颇显出几分高洁、儒雅之气，很得人们称道。

　　两口子在店里经营，起早贪黑，干得是风生水起，从租房到买房。他们在屋里挖了口井，虽然门脸不大，但两间房打扫得干净整洁，门市正中还挂了一块自制的黑底金字牌匾，"桂馨斋"三个大字挺显眼。岳父那得意的劲儿，就像身临其境一样："咱们沈家的祖先，在200年前建铺子时就是师父的大徒弟。店前边柜台售货，开门营业，房后建一个手工作坊，加工制作，干得热火朝天，从此北京就多了一家和六必居味道不同的酱菜园子。"

　　当年，从刚开业时起，师父的要求就非常严格，要徒弟们精心挑选原料，制作工序一道也不可缺少。沈家大徒弟厚道，老实能干、心灵手巧，两口子膝下无子，便把他当儿子一样看待，把自己的全部手艺都传给了他。从此，大徒弟成了顶梁柱，工作也更卖力，把店当成自己的家，把师父、师娘当爹妈一样照顾饮食起居，为师父管理店铺和加工厂。

后来，老两口思乡心切，决定告老还乡，唯一不放心的是桂馨斋。他们把一生的梦想托付给了沈家，沈家接过了酱菜产业，也明白师父的心思。为了报答师父，大徒弟更加努力。为了办好桂馨斋，他牢牢记住师父的话，保持原来的口味。自从改换门庭后，一个南方酱菜园子正式由地地道道的北方人经营了。

岳父说：咱家祖祖辈辈是河北故城郑口人，和山东省的德州很近，性格、脾气耿直。咱家的祖先跟着师父在店里几十年，学徒干活，酱菜产品有多少道工序，记得是一清二楚。多少次采买都是师父带着老祖去的。在师父口传心授下，沈家既学会了手艺，还学会了做人。他们善良勤劳实诚，技术更成熟，全盘继承了南味酱菜的特点。由于坚持"精细"二字，质量风味不变，博得了更多的好评，誉满京城。

沈家接手桂馨斋后，反复和徒弟强调"五不变"：精选原料不变，精工细作不变，南方口味不变，大众需求不变，便宜价格不变。并且在继承传统薄利多销、发扬名牌优势的同时，推出"佛手疙瘩""冬菜""酱八宝"等一系列名品。沈家还提出新的主张，即学习六必居的经验，但禁止模仿，反对雷同，要别出心裁，花样翻新。沈老板的话牢牢记在徒弟心里，成了桂馨斋办店的至理名言。

桂馨斋200年的历史，搭上沈氏六七代人，靠的是"诚信"。桂馨斋不只货好，规矩也多。沈家不允许设小掌柜的，没有少东家，不许"世袭"，对子女不特殊，不养吃闲饭的；为了全店利益，不给任何个人和店铺作保人，防止倾家荡产，让全店老少员工放心；无论是什么产品都要用最好的原料，最精湛的技术，最认真的态度，最合理的价格，最优质的服务；产品的味道必须达标，不能差一点，这叫作自己的特色。

桂馨斋著名的特色酱菜"佛手疙瘩"，也有人叫它"酱佛手"，是镇店品牌。它选料严格，即必须是北京南郊小红门生产的"二道眉的芥菜头"，且要洗得干干净净，再经过晾、晒、腌渍，要反复下料，再经过蒸、煮、晾、晒、装坛、发酵等工序反复九次，制出的产品才是合格的产品。因为原料芥菜头的尾部形状酷似佛手果，因此得名"九蒸佛手"。

"佛手疙瘩"是酱紫色的，切开后断面上有光泽，拿手一摸，软软乎乎的，嚼在嘴里嘎嘣脆，甜味厚重，清香爽口。它甘咸适度，用它切丝和肉丝炒出的菜脆韧可口，虽登不上大雅之堂，但也让老北京人赞不绝口。

后来，桂馨斋的酱菜传到了皇室，慈禧（西太后）御赐当时的掌柜六品顶戴花翎，从此成为酱菜行业中炫耀的资本，掌柜一直将之珍藏在自己的卧室。岳父总是自豪地说："名气是吃出来的。"酱菜的名声先传到御膳房，他们说好吃，"皇上""娘娘"就知道了。太监一上口，"皇上"一尝，柜上可就忙了。对外是"皇恩浩荡"，实际上是担惊受怕，一点儿差错都不能出，否则是要砍头的。皇室爱吃"佛手疙瘩"，柜上天天送，天天盯着，寸步不离。因为这个，宫里特颁发了一顶白帽子，还有一个大红穗子、一件黑色的马褂和进出皇宫门的腰牌，面儿上为的是进出方便，实际上是怕耽误皇室吃酱菜。受此影响，达官显贵在请客时也少不了摆上一碟桂馨斋的酱菜，一是时兴，二是有与皇室同享之荣耀。桂馨斋从此更是名声大噪，生意越来越好，在铁门胡同慈宁寺旁又盖了个大作坊。

光绪三十年（1904年），又发展了"南桂馨斋""桂馨栈""桂馨

东记"三个铺面房。1937 年，我岳父的父亲在北京宣武区大川淀胡同
15 号（今南横西街 50 号）盖起了一个大工厂，工人 190 多名，营业面
积达 6848 平方米。全年的原料需求量也很可观：芥菜头 100 多万斤，
大白菜 150 多万斤，其他瓜菜数量也大得惊人，在京城可谓首屈一指。
1938 年出版的一本《北京旅行指南》上，介绍了桂馨斋、全聚德、稻
香村等老字号。其中，桂馨斋是唯一一家酱菜品牌。这说明，在酱菜行
业中，桂馨斋名列榜首是不争的事实。

我岳父总说：河北故城沈氏家族的五代汉子，经营桂馨斋历经清乾
隆、嘉庆、道光、咸丰、同治、光绪、宣统七代皇室（1736—1911）加
上民国直到新中国成立，几代人的心血，为了一个承诺，为了南方夫妇
的恩德，为了南味酱菜落户京城，历经了多少辛酸、多少苦难！

这真是：

　　　　桂毓江山分冀北，馨盈易水胜江南。

　　　　酱裕周官百世瓮，园留庄子八千年。

北半截胡同与广和居

胡瑞峰

　　旧北京城内，以半截命名的胡同有五条：在内城广宁伯街迤西有半截胡同；蒋养房（现名新街口东街）北有大半截胡同；在外城法华寺街南有半截街（现已取消）；菜市口南有南半截胡同、北半截胡同，其中以北半截胡同最有名。

　　北半截胡同位于菜市口南面的丞相胡同（现名菜市口胡同）和烂缦胡同之间，其东有米市胡同，其西有西砖胡同、教子胡同。这几条胡同都是北起广安门内大街，南抵南横街。只有南北半截胡同，虽然也南北相通，但是在北半截胡同南头，分成两个岔，类似裤子的两条腿，左条裤腿斜着伸入丞相胡同，右条裤腿南接南半截胡同。当年这条两岔胡同就叫裤腿胡同，《京师坊巷志稿》作裤骸胡同（现已取消）。同是南北相通的胡同，而这条胡同因为中间有了岔，于是有了南、北半截胡同之名。明清以来，这一带就是文人荟萃之地，虽然不是闹市，却有一家比闹市饭馆还出名的饭馆，它就是百年老店广和居。

　　广和居位于北半截胡同南口路东，它没有高堂门面，只是一套大四合院，临街三间房，南头半间作为门洞，门面磨砖刻花，尚称精致。门洞正对院内南房的西山墙，墙上有砖刻的招牌，权当影壁。院内两进北房，前后相通；靠东有一月亮门，门内另有南北房，单成一体，称为雅座。院内各房，都分成大小房间，个人独饮，三五小酌，正式宴会，各得其所。《道咸以来朝野杂记》载："广和居在北半截胡同路东，历史最悠久，盖自道光中即有此馆，专为宣南士大夫设也。其肴品以炒腰花、江豆腐、潘氏清蒸鱼、四川辣鱼粉皮、清蒸干贝等，脍炙人口。故其地虽湫隘，屋宇甚低，而食客趋之若鹜焉。"这些食客中不少是当时有权势的大官，有影响的名士。夏枝巢《旧京琐记》载："士大夫好集于半截胡同之广和居，张文襄（之洞）在京提倡最力。菜之著名者为蒸山药；曰潘鱼者，出自潘炳年；曰曾鱼，创自曾侯（曾国藩）；曰吴鱼片，始自吴闰生。"张之洞还写诗记载这家的名菜，其诗曰：都官留鲫为佳宾，作鲙传方洗洛尘。今日街南逢柳嫂，只缘曾识旧京人。光绪皇帝的老师翁同龢，是一位书法名家，喜游书肆，每次逛琉璃厂，都要到广和居就餐。戊戌变法之际，不少变法知名之士，也常到广和居聚会，如杨深秀、谭嗣同以及刘葆真等，都曾在此畅饮过。

晚清著名书法家何绍基也是广和居的座上常客，曾有欠酒债写欠条的趣闻。何绍基一家三代居南半截胡同，地近广和居，经常在此饮酒宴客。旧时大宅门在饭馆吃饭，多不付现款，暂时记账，到年节结账，统一付款，到何绍基时，已有一笔陈账。据说何绍基因上疏"条陈时务"被革职，郁郁不乐，遂以广和居为饮酒消愁之地。日久天长，欠账越来越多，年终结账，一时付不出酒债，便亲笔写了一张欠据，交给店家。何是当代书法名家，一字千金，广和居老板得此真迹，如获至宝，便请人裱糊起来，挂在店堂中，既装饰了门面，也提高了饭馆的身价。很多好事者专程来看何绍基的真迹，广和居的生意也就更加兴隆。

广和居本是山东饭馆，因应顾客之需要，虚心吸取南方味的烹调技术，精心细作，创出其独特的风味，其中以鱼菜最著名，直到民国，他家的生意还很兴隆。鲁迅先生1912年来北京后，就住在南半截胡同的绍兴会馆，下车的第三天，就"夜饮于广和居"，从此鲁迅也成了广和居的常客，或单饮或友聚，仅1912年一年之中，他就去广和居达24次之多。

当年士大夫们争去广和居聚饮，不仅是那里菜肴味美，更重要的是因广和居还是个清议的场所。当时清政府政治腐败，人心不满，每有所闻，大家就常假广和居作为谈论、争议和发泄不满的场所。议政王奕訢在给朝廷的奏折中，就曾提出："京师各省士大夫，聚党私议，约法阻拦，甚或以无稽谣言煽惑人心。"奕訢所指，即为广和居的实际情况。来广和居的人们，不仅口头争议、评论，而且还有人在店内墙壁上写讽刺朝政的诗。当时主持朝政的是总理各国事务衙门的奕劻，此人是慈禧的宠臣，他利用权势，卖官鬻爵，贪污纳贿，并与各省督抚互相拉拢，例如直隶总督陈夔龙（贵州人）的继妻为前军机大臣许庚身之庶妹，认奕劻的福晋为义母，陈即成为奕劻的干女婿；山东巡抚孙宝琦的女儿，是奕劻的儿媳；奕劻的儿子载振，任工商部尚书，与其父沆瀣一气；安徽巡抚朱家宝（云南人）之子朱伦，认载振为干爹，他们父子的丑恶行为，为当时清议所鄙。御史江春霖以"老奸窃位，多用匪人"劾之。奏中指出奕劻与陈夔龙、朱家宝等人的裙带关系，但奕劻因有慈禧为靠山，江的劾奏，不但没有生效，反而奉旨斥其"毫无确据，恣意牵扯，谬妄已极……实不称言官之职"，命回原衙门行走（春霖本由翰林院检讨迁御史）。此时，江春霖直声震朝野。有无名氏在广和楼题壁诗两首，诗云：

居然满汉一家人，干儿干女色色新。

也当朱陈通嫁娶，本来云贵是乡亲。

莺声呖呖呼爹日，豚子依依恋母辰。

一种风情谁识得，劝君何必问前因。

一堂二代作干爹，喜气重重出一家。

照例定应呼格格，请安该不唤爸爸。

岐王宅里开新样，江令归来自有衔。

儿自弄璋翁弄瓦，寄生草对寄生花。

诗意谑虐殊甚，一时传遍京城，广和居也因此增添了声誉。

广和居竭业于 1931 年，其后著名京剧演员金少山曾住此。新中国成立后已改为民居，门牌为北半截胡同 52 号。只有磨砖刻花的小门楼，尚有旧迹可寻。

解放前的北京饭店

邵宝元

　　近半个世纪以来，北京饭店是中外知名的一个带餐厅的旅馆，多少中外旅客在这里寄居过，多少有历史意义的集会和宴会在这里举行过。解放以后在东西两边又添建了新楼和大厅，使得旧北京饭店更形扩大和华贵了，几乎每个来北京观光的国际友人都和它结过缘。

　　我从 1900 年开始，至 1948 年 7 月，有 48 年在北京饭店"服务"。在旧社会里，说不上服务，不过是混饭吃。那年正是清朝光绪二十六年（1900 年），庚子年，八国联军攻到北京，在东城纷纷驻扎了兵营，于是酒店、饭馆、妓院也就应"运"而生。这年冬天，在崇文门大街苏州胡同以南路东有三间门面的铺房，由两个法国人开起酒馆来，一个名叫傍扎（Banza），另一个名叫白来地（Peiladi），那时京汉铁路在长辛店，已有了总站存车处，不久，白来地就退股到长辛店开酒馆饭铺去了。于是这边又加入一个意大利人贝郎特（Beurande），与傍扎合作。1901 年，小店生意兴隆，便迁到东单菜市西隔壁，才正式挂上了北京饭店的招牌。

　　我原籍天津，读过私塾，在鞋店和钱庄学过徒，在补习学校读过点法文。经我在北京做事的哥哥介绍，就在苏州胡同以南踏进了没有挂牌的"北京饭店"。那时我才 14 岁，为了生计，学着伺候洋兵，卖的是 1 角 2 角一杯的红白葡萄酒，下酒菜不过是煎猪排或煎鸡蛋，并不难做。到了东单，我管酒柜。

　　因为利润优厚，这两个洋店东就争吵不休，结果法国人傍扎也撤股到长辛店酒馆去了，这边意大利人贝郎特又找了他一个本国人卢苏（Rosso）来合伙。卢苏是一只眼，原在奥国人开的公义行管账，经理擦手枪走火，伤了他一只眼睛，赔了他一笔钱，他就拿这笔钱入了"北京饭店"的股。后来贝郎特患疯症死了，饭店主人就成为卢苏一人了。

　　从 1901 年到 1903 年，北京饭店就设在现时东单邮局西边的地方（解放后北京日报社曾设在那里）。西边有个三星饭店，是西班牙人开的。如今东单邮局的地方原是"小白楼"，是美国女人开的洋妓院。旁边是德国人开的宝珠饭店。

　　这时候的北京饭店，是中国旧式的院落。前院是三合房，东厢房是酒柜，西厢房是客厅，北上房是大餐厅，后院有 20 多间客房，布置得半中半西，开北京的新纪元。那时还没有电灯，点的是石油灯，也没有专人管理燃熄。大门口有一口食用的井，记得洋兵们喝醉了有失足落井的事。

　　卖酒的利润最大，整桶的红白葡萄酒随了兵船而来，根本不上税。本钱不过 70 多元，一桶可灌作 500 瓶，最低价一瓶 1 元 6 角，500 瓶就是 800 元，是本钱的十倍。更何况洋掌柜的叫把一桶酒灌三种瓶子，价钱不一，除 1 元 6 角的一种以外，还有 2 元 2 角 5 分的、3 元 2 角 5 分的，贴上不同的标签，欺蒙酒徒。

　　那时饭店门前为旅客组织了洋车，有班头管理，车上都有号码片，为的是客人遗落东西，便于查找。所谓人力东洋车，拉外国人去万寿山，来回是 15 元现大洋车价。后来有了胶皮轮，定价 1 元 5 角一个钟头，再往后才有了四轮马车。

洋人势力越来越大，离东交民巷近的街道必须拆除，因此东单头条就拆了。北京饭店天天客满，单人房间 3 元一天，双人房间 5 元；早餐 7 角，午餐 1 元 5 角，晚餐 1 元 7 角 5 分。住房吃饭每天结算。

北京饭店的营业日益发达，于是在 1903 年迁往东长安街铁路局以西隔壁那座红砖楼房内，计房 48 间，生意由小到大。我由一个小徒弟变成了伙计，得到了洋掌柜的信任，替他们训练新伙计。他们多是一些十三四岁的少年，为了伺候洋人，在业余时间学些英语、法语。分工也细致起来，有派在厨房的；有穿白短衣服打扫的，只管桌子以下的事，如擦地、打扫厕所；有穿长白褂子的，管桌面以上的杂事；还有管锅炉的、管水泵的。早年的北京饭店是自己有水塔的。

到了 1907 年，卢苏把饭店全部卖给中法实业银行，改为有限公司，法国董事长名罗非（Raphille），法国经理名麦义（Maille）。我担任出纳，管理洋文账目。改组以后营业比较公道，账房里是法文簿记，一天一结算。很长一个时期，饭店每天要赚 2600 元。账单则用英文开出，也由我经办。

1917 年，北京饭店再度扩充，向西发展，盖了五层大楼，每层 21 间，计 105 间，连前 48 间，共 153 间。这时已装用电灯，用东交民巷德国电灯房的电。另安设电话机中继线。又安了暖气管以及锅炉，并有二十马力电滚子，两个水井，附设两水箱，一冷一热，直达屋顶。电梯也直达屋顶花园。屋顶花园有舞场、花厅、餐厅；周末有舞会，能容 1000 多人。

这时饭店规定客房价单人每天 15 元，双人 22 元，带客厅的每天 35

元，东楼的 48 间较便宜。以上价格是连饭在内，每天三餐，下午 4 点茶点吃不吃照样作价。住包月价钱有 250 元的，有 300 元的，有 450 元的。

饭店有大汽车两辆，能坐 20 多人，往来车站接送客人。还有自己的脚行，穿饭店衣服，编列号码，中外国籍均有。外国老板自然是不把中国劳动人民看在眼里的，时常对中国伙计和脚行打骂交加，嫌他们干活儿还不够出力。我有时和他们顶几句，他们是欺软怕硬的。

饭店最兴盛的时期，是在民国时代。那时各派上台下台，寿命不过一两年。当政局变化或兵变的时候，中国阔佬权贵们往往来住饭店，方能保险。房间住满以后，就是一块小走廊，也能租住。因为依照条约，外国人的营业中国政府无权干涉，就是警察和侦缉队也不能到北京饭店来捕人。饭店还有规章，身穿制服的军人不能进入，大军阀的马弁也不能穿了制服跟随进入。

英国的通济隆旅行社也在北京饭店租有房间，为旅客办理各国的客运、货运，代办火车票、轮船票，也能开流通英镑的旅行支票，还代办所要去的那个国家的食宿游览等事项。各国客人来到北京，他们就当向导，介绍游逛北京名胜，如万寿山、香山、潭柘寺、十三陵等处。

法国书铺、古玩铺也在北京饭店内附设。也有花边地毯等货摊。还有一个名叫柏东（Button）的美国女人，起先只在饭店进门处租了一块放一张桌子的地方，每月 15 元租金。她在小桌子上摆个摊子，卖些手提包，是她自己利用清朝蟒袍补褂的前后刺绣片子做成的，是些五光十色的孔雀虎豹鸟儿等飞禽走兽。她还用袍服腰带上的玉器别子零件做成手提环，配搭得十分华贵美丽。她的货品按美金定价，非常昂贵。她善作招徕，见到外国妇女，就宣扬自己的货品珍贵，然后送货到各房间兜售。后来她赚了很多钱，就租三楼上三〇一号房间开起店来，大卖其清朝贵族夫人服装以及戏装玉器等。她做的是不要本钱的生意，是代摊贩们卖的，照标价出售，不扣佣金。实际上她赚的比佣金多得多，因为她是照同样定价的美金出售的。

这个美国女人柏东还进一步发展她的"事业"。她招揽了几个中国街坊的姑娘，才十三四岁，帮她工作，她教她们学点英语。有时知道有大帮洋人要从香港或上海来时，她便带了中国姑娘们去天津接船，自称是骆驼铃公司的，公司设在北京饭店，欢迎去北京游览。到了北京饭店，她又大事接待，最后是推销她的货品。她后来居然请了一位会计，买了两辆汽车，由一个穷女人变成了一个富商。

在日伪管理北京饭店时，柏东就衣锦还乡了。日本接收北京饭店股权时，英国通济隆旅行社也停业回国了。

1940 年中法实业银行把北京饭店的股票按美金出售，美国日侨来到北京纷纷购买，于是 62% 的股票到了日本人手里，由法文股票改为日文股票。董事长换成了日本人犹桥渡、副董事长石井。1941 年日人将北京饭店改为日本俱乐部。北京饭店合计从 1907 年到 1940 年，在法国人手里掌管了 33 年。

1945 年日本投降后，国民党的北平市长熊斌接收了北京饭店的日本股权。日本方面狡猾地声称股票所有人是美国国籍，蒋政权答应调查。一面派来了行政院会计，监视账房簿记和一切财产，委我为临时经理，法国经理则照管法文簿记，人事上没怎么变动。

后来国民党的战地服务团招待美军住在北京饭店，秩序最坏。美军往往窃走床毯和被单，其他零星物件也偷了不少。有的美军并未住宿，还会偷走厕所里的玻璃砖镜子。有时告诉美国陆军宪兵队，追到车站才把东西要回来。多半时候是人赃两不获。美国兵喝酒高兴时唱歌跳舞，喝多了摔酒杯、砸柜台，闹得不亦乐乎，他们的宪兵队也管不了。

后来军事调处执行部在北京设立时，北京饭店成了第二招待所，一共有 18 个招待所，均归战地服务团区部指挥。我被委为第二招待所副主任，凭空来了个上校级军衔，干的仍然是招待业务。

从这时候起，北京饭店的职工才算接触到中国共产党。叶剑英参谋长和代表团团员对我们职工太好了，我们从没有碰到过这么尊重我们的旅客。他们有礼貌，爱护饭店财产。每天叶剑英参谋长请客完毕，一定到厨房和炊事人员一一握手道谢。共产党方面代表平时吃饭六人一桌，一定要等齐了人才动筷。国民党方面就迥然不同，有时候为了一个菜吃得不对胃口，还会摔盘子大发脾气。

和谈破裂，军调部结束。北平市由何思源和刘瑶章先后充任市长，北京饭店也不断地转手办交代。主管人往往在饭店里花天酒地，慷公家之慨。1948 年 7 月何思源下台时，命令我办交代。以后因为我已 60 岁开外，就递了辞呈。

做北京饭店的中国经理是有职无权的，法国经理是三年一任，有连任的，也有不到三年离职回国的。有两个经理死在北京，一个是麦义，一个是最后的一个名叫罗斯觉，1947 年才死的。

北京饭店职工的封建关系很浓重，很多是祖孙三辈全在北京饭店供洋人们使唤。外国经理认为这样可以笼络人心，好支配中国职工。而中国职工屈辱求全，不外是为了时局动乱，吃北京饭店这口洋饭还比较保险，其实平日受的洋气、洋拳也不少。如今的北京饭店内不少人是我的师兄弟，他们在解放后才在党的教育下提高了觉悟和地位。我这古稀之人只有羡慕他们，因此才想起把北京饭店的旧史重提，以庆祝这个曾经标志着国家耻辱的洋饭店终于回到了人民手里。没有八国联军侵华就不会有它，没有中国共产党北京饭店及其职工也永远翻不了身。我虽老耄，与有荣焉。

南京"马祥兴"菜馆

———

马定文

饭摊子发家两落两起

早在 19 世纪中叶,我的曾祖父马思发便从河南孟县原籍逃荒来到南京中华门外的花神庙乡,在那里开设了一个饭摊子维持生活。因为曾祖父是回民,大家都叫它作"马回回饭摊子",这就是现今"马祥兴"菜馆的发源。

曾祖思发死后,业务由我祖父马盛祥继掌。那时南京南门外的市面逐步向雨花台附近发展,我家的饭摊子也就随着北移到雨花台左边盖了一间很矮小的铺房,不再露天做买卖了。也是在这里,祖父给饭铺子取了个名号——"马祥兴","祥"字是取之于他自己的名字,"兴"字无非落个兴旺的兆头罢了。由于饭摊的营业对象是一般劳动人民,卖的是素小菜,所以行话叫作"卖荒饭"。

辛亥革命以后,中华门外的市面日趋繁荣,祖父想把买卖再做兴旺一些，便又把饭铺搬到中华门外米行大街（今雨花路）赶市面，盖了两间低矮的厢房和一间灶房。为了适应社会的需要，素卖之外，又开始卖牛八样（如熏牛肉、牛肚、牛肉汤等），这些都是所谓便菜，几十文制钱、几个铜圆即可以吃到一份。在经营上饭摊仍是抱着薄利多销的态度，因为价廉物美、饭菜清洁，慢慢地受到人们的称赞。祖父为了装潢老店的牌子，以广招徕，请人写了一幅横条——"饶有风味"；横条的两旁，有一副对联，上联是"百壶美酒人三醉"，下联配"一塔秋灯迎六朝"；还悬挂了一幅古宝塔图。因马祥兴坐落处面对北山门，西临报恩寺，相传报恩寺曾为明永乐帝游乐之处，而这一副对联又含蓄着古雅风流的韵味，因此明代老店的传言也就隐约地附会上了。这时店里安下一口古旧的大铁锅煮牛肉，顾客们都很欣赏，店家也就顺水推舟，说成是明朝遗传下来的古物。可惜这口大铁锅后来在日军侵占南京时被毁，此后也就无须再卖弄这个玄虚了。当年中华门外长干桥畔开有牛行，买新鲜牛羊肉很方便，鸡鸭鱼虾等鲜货也很多，加之市面日渐繁荣，马祥兴于是由卖便菜又提高到红锅炒菜。开头还只是家园班子，由我父亲德铭亲自掌勺，后来生意愈做愈好，才请了一位孙长有师傅帮忙。可以说，孙师傅是马祥兴的第一个劳方。

祖父死后，我父亲继承了饭店的祖业。到了1925年北洋军阀孙传芳统治南京的时期，生意越发旺盛，开始做筵席。因感到人手不够，需招收学徒，于是先后有本门的马国钦、马定松等进店，这时的马祥兴已是一个有职工20人的菜馆了。顾客对象也有很大的改变，粮行的经纪人、河载行的经纪人和做五洋生意的老板们，都成了我们的主要顾客。也许是明代老店的典雅名声对一般高级知识分子有吸引力，一些大学教授、大学生也逐渐成为马祥兴的座上客。那时东南大学胡翔东教授（外号胡三怪）和胡小石教授初来，我们除一般供应之外，还适应他们的口味，用鸡肝、虾仁等鲜嫩配料调制豆腐，且烧得很鲜嫩，令他们非常满意。马祥兴的豆腐便在东南大学渐渐传开，教授、学生成群结队而来，"胡先生豆腐"从此成为马祥兴早期的名菜。

1927 年蒋介石来了，南京定为蒋记国民政府的首都，新贵云集，又是一番局面。谭延闿这位特别讲究吃喝的大官僚，曾来马祥兴一试，对清真馆子的风味很中意，后经他宣传介绍，汪精卫、孙科、褚民谊等大人物便接踵而至。这时马德铭为了发展营业，适应顾客的需要，和师傅们研究，极力在菜的花样上翻新，所谓"四大名菜"就是在这一时期试制成功的。提起四大名菜，还有一段故事：一次有个医生预订了"八大八小"的酒席。厨师在配菜的时候，缺少一个，就动脑筋想办法，将本是鸭内脏中不受重视的鸭胰子（平时是厨师炒来自己吃的）用来一试。厨师以胰子白配上鸡脯用鸭油爆制，结果大受顾客的赞扬，后来即列为四大名菜之首，取名"美人肝"（新中国成立后改名"美味肝"）。其余"松鼠鱼""蛋烧卖""凤尾虾"也陆续试制成功，这三种菜现今很多菜馆都有，但马祥兴是第一个出头的。客人们吃了马祥兴的菜，四处传扬，就这样一传十、十传百，店家名声愈大，营业愈发，门市、包席应接不暇。国民党大员如汪精卫、张群、王正廷、王世杰等多次到马祥兴包席宴请外宾，执西北地区大权的马福祥、马步芳、马鸿逵等也常来店吃喝。那时，马祥兴的大门口和附近的马路上常常停满了插有各国国旗的小汽车，在南京的各国驻华使节设宴招待宾客，亦首先要订马祥兴的酒席。外国人对马祥兴感兴趣的不仅是几个名菜，主要是认为它是中国明代的老店。这一时期，马德铭看到营业对象与之前不同了，除门面保持老店的形式外，又加盖了餐厅，增辟了八个小房间。

至 1937 年的冬天，国民党军队不战溃逃，日军侵占了南京。南京人民遭受烧杀淫虏的空前浩劫，我家几代经营的马祥兴百年老店也被日军烧得片瓦无存，父亲不得不忍痛丢掉毕生经营的店业，带着我们出外逃生。店里的师傅逃往苏北，也无以为生，过着流浪的生活。

在外漂泊总无归宿，到 1939 年我们全家和一些师傅又被迫返回南京，这时我家已一无所有。父亲很发愁，是马国钦、马定松师傅从旁鼓励说："有人在，不怕没饭吃。"他才壮起胆子，把店里的师傅们召集起来，又在老店的废墟上搭起席棚做买卖。在旧社会做菜馆生意的不用多大的本钱，早上进货不付现款，晚上才和各行货主结账，再加上大家努力，老店逐渐恢复些元气。店的原址早被烧光，我们又按照老门面的式样，重建了两间矮房，后面加盖了席棚。汪伪政府成立以后，群奸酒食征逐，汪精卫"还都"从上海到南京不到几天，就带着陈璧君来我店吃喝。但当店里的同事对他诉说南京被日军烧杀的惨状时，他却无动于衷。在这时期，日军的高级军官如特务机关长、情报部长之流，也常找上门来。汪伪政府的汉奸头子陈群还硬为我店写了不三不四的两句话，什么"十斤肉堪大嚼，三杯酒阖稍休"。在敌伪时期，马祥兴确也在经济上捞了一些。

1945 年，日本投降，蒋介石政权忙着"劫收"。一班既发了国难财，又发了劫收财的大小权贵们，多腰缠累累，肆意挥霍。对于这批重庆来的人物，我们应接不暇，赶忙又新盖了楼房，加辟了房间、台面，增招职工。1948 年国民党头子闹"竞选"，菜馆一时成了他们贿赂拉拢的公开交易所，李宗仁、白崇禧、孙科都是店里的大主顾。往往一连好多天，宴饮不绝，"代表"云集，车水马龙，可谓热闹非凡。

马祥兴自转向从官僚、资本家那里捞取利润，的确赚了不少钱。记得 1949 年 4 月南京解放的前夕，店家遭土匪抢劫就损失金条 30 多根，银洋 3000 余元，美钞 1000 多元。我家世代经营菜馆费了不少心血，但经两落两起至新中国成立前夕被劫，到头来还是落了一场空，新中国成立初期甚至靠变卖店内家具为生。

新中国成立后，随着国民经济的恢复和发展，马祥兴同其他行业一样，得到人民政府的照顾和扶植，门面又重新撑开了。公私合营后，马祥兴建立了中国共产党支部，由马国钦老师傅任书记。马定松老师傅继续掌红锅，本店的老职工都陆续回来工作，职工人数也不断增加到数十人。由于政府对我的信任和照顾，安排我担任门市部主任，有职有权。我们在中国共产党和人民政府的领导下，团结一致，从 1956 年到 1960 年每年都被评为南京市先进单位，马国钦、马定松一直被评为先进工作者和先进厨师。1958 年金宏义老师傅调到北京饭店工作，将马祥兴的名菜也传到了首都北京，颇受各方人士的欢迎。新中国成立后服务对象有了根本性的改变，大家认为为劳动人民服务、为社会主义工作无比光荣，积极性也空前提高。

1958 年 2 月，马祥兴由雨花路搬到鼓楼，占用了一幢三层楼洋房，设有 100 张桌面，成了名副其实的大菜馆，营业额也是蒸蒸日上。

马祥兴的生意经

在旧社会为什么马祥兴能从一个饭摊子发展为南京第一流的菜馆？据我个人的亲身体验，马祥兴的起家主要表现在下列几个方面：

迎合社会需要，极力创牌子。马祥兴开始创业时只是一个饭摊子，营业对象全是劳动人民，卖的是几个钱到几个铜圆一盆的便菜。搬到中华门外米行大街后，适应顾客的需要又添制熏牛肉、豆腐干等盆菜，经营的特点是饭菜清洁、价廉物美、童叟无欺、薄利多销。做买卖无非想多赚几个钱，先父不安于饭摊子的经营方式，极力迎合时宜，向菜馆的方向去做，炒菜在重视顾客的爱好，力求适合顾客口味的同时，做些别有风味、价廉物美的菜来创创牌子。"胡先生豆腐"就是在这种情况下

"创"出来的，后来师傅们又创制了四大名菜，奠定了马祥兴菜谱的特色。这里还有一个关键就是，有钱人吃惯了山珍海味，什么苏帮、京帮、广帮的菜都吃腻了，而清真菜馆的菜比较素净，正适合他们"改改口味"的要求。再者，一般顾客胃口最敏锐的是对于先上的几样菜，等到这样那样吃多了，口味也就倒了，兴趣也就低了。我们抓住这一特点，每次都让名菜先上，这也是创牌子的诀窍之一。

我们创牌子还利用了社会上的讹传和影射衬托的办法，使人相信马祥兴是明代相传的老店家，那些好古的名士也就甘心附庸风雅了。

看对象办事，尽量满足要求。马祥兴在营业打开之后，很注意生意经。为了扩大影响，留住长期主顾，我们在"看对象办事"这一点上动了不少脑筋，尽力满足不同顾客的要求。首先是，开菜、做菜有讲究。如巨商大贾、官僚豪门、大学教授多半重质不重量，我们在开菜、做菜时，就在菜的品种、口味上满足其要求；如果是劳动阶层的顾客，那就更多地注意数量。利润的多少，也是看对象说话。如国民党空军人员收入高，不计较价钱，我们的利润就打得高；做美国人的生意，利润最高，而且赚他们的美钞更划得来；上海客人爱阔绰，就多赚他们几文，四川人和北京人"嘴会讲"怕他们乱批评有损马祥兴的牌子，就在他们身上少赚几文，落个好；对国民党的伪国大代表，我们抱着不多赚钱的原则，尽量给他们吃好些，因为这些经常想吃人家的人处处要占上风，给他们占点便宜，以博得他们代为吹嘘吹嘘，待后来做上如李宗仁、孙科、程潜"竞选"的生意，就大有赚头了；对报馆记者特别优待，给他们吃得又多又好，油油他们的嘴，他们在报屁股上一吹捧，比登广告还要顶事……过去开菜，从来没有一定的规格，完全是见机行事。柜上开菜下条子多有暗号，除注明某某人以外，还用隐语通知厨房。如"浓样些"，就是做好一些的意思；"玩廉些"，就是差一点的意思，等等。这些关节，无论生意多忙，也要做得非常精通灵活。此外，对不同的顾客，菜的软硬、味的浓淡，都要摸清楚。如对大学教授，菜的质量不仅要做得好，还要做得又软熟又鲜嫩；对劳动人民，如果口味清淡，菜量又少，就不成了。再有，同行之间竞争，往往在一处对摆筵席，这是卖牌子的生意，我们不赚钱甚至贴点老本也得做，以免被同行挤垮。过去马祥兴常与六华春、太平洋、梁园对摆，竞争非常激烈。在这种情况下，不仅要价廉物美，连席面也讲究阔绰，马祥兴常用全银的台面和餐具，在同行中算是别具一格。

老板挂帅，以店为家：马祥兴菜馆三代以来，祖父、父亲和我都是亲手掌理店务，从未假手他人，也可以说始终是老板挂帅。我们祖孙三代都在本店学徒满师，这等于是一个家规，用意是熟悉业务，便于管理。先父还曾亲自掌红锅炒菜，后来营业发展，人手不够，才陆续请孙长有、孙有发、王金海、刘忠发、马仲达、金宏义等老师傅进店帮忙，老师傅孙自兴、马国钦、马定松则都是本门徒弟。马祥兴百年以来，一直是家店不分，因师傅多半是沾亲带故的自己人，所以我们的经营管理带有相当浓厚的封建色彩。

我们有一套笼络职工的方法。学徒进店拜师、请客所花的钱多由店里开支，徒弟一进店就有工钱可拿，因此肯对老板贴心。在旧社会，马祥兴和其他菜馆一样，全店职工是没有固定工资的，全靠小账收入拆成。马祥兴是独资，参加工作的资方虽然照拆小账一份，但不像其他地方，挂名的经理、协理一大堆，个个要分小费。至于出门送席，顾客付出的车费、木炭费的剩余和另赏，资方是不去分润的。店里附设酒柜的额外利润，也由职工拆分。每逢过年过节，对职工用酒席招待，对生活有困难的师傅们还另送"零用钱"……这些笼络手法模糊了员工的劳资界限，致使人们树立了以店为家的思想。加之旧社会失业严重，师傅们也更图职业的安定，进店之后就不思他去了。因此，职工不仅业务熟悉，更重要的是本店烹调技术不致外传。这也是马祥兴在旧社会能够起家的关键所在。

在业务管理上，马祥兴一直注意招待周到和清洁卫生，特别强调"和气生财"四个字。顾客进店，店里同事都要用尖锐的眼光来观察顾客的身份，摸清顾客的口味，使顾客吃得满意，以广招徕。当马祥兴做上了国民党的豪门和外国人的生意以后，在招待方面又添上了一些花样：除去有意识地卖老牌子，保持古旧的门面外，店内的房间和席面也搞得十分整洁；工作人员穿着洁白的工作服，戴上白手套和口罩；上席前进行"现场消毒"，用开水烫洗餐具，铺上洁白的台布，甚至做到不和顾客口对口地谈话。讲究卫生，对我们业务的开展也起了不小的作用。

在旧社会做生意的人都是抱着发财致富的目的，凡是过手的东西都要赚钱。但我们资方一方面是剥削者，另一方面也受到帝国主义、军阀、官僚和封建势力的压迫，赚几个钱也是提心吊胆的。敌伪时期，日军军部见财起意，曾假意以修建房屋作为合营条件，达到侵吞马祥兴的目的。他们的阴谋虽未得逞，当时我们却也吓出了一身冷汗。后来，白崇禧又要和我们合股经营，我们也婉言拒绝了。店方还常要应付旧社会的一帮恶势力。特别在敌伪时期，既要应付日本宪兵、特务和翻译，又要敷衍当地的帮会、流氓，他们来店吃喝，我们只得捧捧他们，不收他们的钱，否则桌子就会翻筋斗。有一次日军翻译冷仁才，串通中华门日本宪兵来店寻衅，自己扑了两个苍蝇下在菜里，找我们无理取闹，弄得我们全家逃跑，结果还是由店里的师傅设席向他们"赔礼"方算了结。对本地大小流氓，如安清帮大字辈、通字辈等，照例要请他们吃喝。逢到他们在婚丧喜庆必须送份子，不仅大字辈、通字辈、武字辈要多送，连小流氓也要送，平均每天要送 20 ~ 30 个份子，提心吊胆的日子真不好过。

新中国成立后，马祥兴菜馆在党和政府的扶持下，得以恢复营业。公私合营后，企业性质有了根本的改变，我们走上了为人民服务的光荣道路，业务进一步发展。这是我感到最庆幸的事。

百年秋林话今昔

李宁

　　凡是要带些哈尔滨特产回家的外地游客，哈尔滨人就会毫不犹豫地让他去秋林公司，购买大列巴、红肠和巧克力酒心糖。100多年来，秋林公司的这几样招牌式的产品基本没变，尤其是"秋林大列巴"和"里道斯红肠"已成为秋林公司的代名词了。在这100多年里，秋林公司也发生了许多有趣的故事。

哈尔滨早期的"跨国公司"

　　秋林公司的创始人伊万·雅阔列维奇·秋林（简称伊·雅·秋林或秋林）生卒年代不详，是俄国西伯利亚地区伊尔库茨克城人。他十几岁时使把城里的轻工产品、日用品以及小农具带到乡间交易，再带农副产品回城销售。20多岁后他开始在黑龙江沿岸做买卖，每年春天伊始，去农村和林区销售商品；入秋时收购大量的珍贵毛皮、山货、农副产品，待冬季大雪过后回伊尔库茨克城销售。

伊·雅·秋林既不怕劳苦又善于经营，资本渐渐雄厚起来。1867年，他与同乡在庙街（尼古拉耶夫斯克）成立了以他名字命名的"伊·雅·秋林公司"，简称秋林公司，董事长和总经理也由他担任。

秋林公司成立后，伊·雅·秋林一边吸收财阀入股，一边重金招揽经营人才，很快人力、财力充足起来。1869年，秋林公司所属的百货商店、农机具厂、化工厂、酒厂等已在海参崴（符拉迪沃斯托克）、伯力（哈巴罗夫斯克）、伊尔库茨克等地落了脚。就在公司蒸蒸日上之时，一位18岁的年轻人也来加盟，此人后来成了哈尔滨秋林公司的创始人。

这个年轻人叫阿·沃·卡西雅诺夫（1851—1925），俄国伊尔库茨克地区兹什那明斯克村人。卡西雅诺夫12岁便独立谋生，与秋林经历相似。此人办事干练，经营有方，不久便使得公司利润逐年增长，成了骨干。1882年，秋林公司改为"秋林无限公司"，因为卡西雅诺夫成绩卓著，被秋林选为继承人，任秋林无限公司董事长和总经理，而秋林本人则退位当名誉管理者。

卡西雅诺夫上任后充分发挥了其经营才能，到1892年，秋林无限公司的分支机构已遍布整个西伯利亚，俄国欧洲部分的大城市也有其分店，莫斯科成为其董事会所在地。卡西雅诺夫见伯力离中国东北最近，便在那里建立了百货商店兼物资库，此处后来成了向中国运送货物的中转站。

1896年中俄签订了《中俄密约》，即《御敌互相援助条约》。沙俄以中俄对日军事同盟为幌子，攫取了建筑中东铁路的特权，并规定俄国的中东铁路要穿过中国东北。1898年俄国人的中东铁路管理局迁至哈尔滨香坊区，一时间教堂、气象站、银行、俱乐部等纷纷在此开建。有着灵活头脑的卡西雅诺夫当然不会放过这个天赐良机，1900年5月14日，他在哈尔滨香坊区的香政街与香坊大街拐角处开设了跨国分公司，取名"秋林洋行"。这一天就是后来哈尔滨秋林公司的成立日。

中东铁路从香坊进入哈尔滨，经过秦家岗（南岗区）、埠头区（道里区），再跨过松花江北上。1902 年，铁路所经之处已聚居了大量的俄国人、中国人以及其他国家的人。于是卡西雅诺夫又在南岗区建了临时砖房，开店营业。其后不久，秋林洋行又在道里区靠近江边码头处增设了一家商店。

1903 年松花江铁路大桥建成，7 月中东铁路全线通车。次年 2 月，日俄在旅顺开战，日俄战争结束后，俄国退伍军人及其他国家的几万人来到哈尔滨居住。随着消费人口的激增，秋林洋行原有的衣帽皮靴、日常杂货和少量的食品罐头已不能满足需要，卡西雅诺夫一面下令建新楼，一面工商并重，开办工厂。

俄国人嗜饮红茶，秋林洋行便从中国南方以及印度、锡兰（斯里兰卡）等地采购原茶，运回哈尔滨到秋林洋行下设的加工厂加工成"秋林红茶"；俄国及欧洲人除了爱喝啤酒，也爱喝葡萄酒，而此时哈尔滨已经有啤酒厂了，于是就开办了葡萄酒酿造厂。其后，又开设了肉肠、卷烟、服装、油漆、燃料等加工工厂。

1908 年，位于南岗区大直街与果戈里大街交角处的秋林洋行百货大楼竣工。这是一座欧式风格的两层大厦，带有地下室，楼外橱窗宽大，营业厅宽敞明亮，还有完善的上下水和取暖设备。当时哈尔滨还没有发电厂，晚上，各家都用煤油灯照明，秋林洋行却彩灯闪烁，一片通明，成了哈尔滨的一大景观。秋林洋行的灯火吸引了不少喜欢在傍晚逛街的俄国人。1931 年 8 月 22 日，朱自清从北平动身去伦敦，于 24 日路过哈尔滨，下车逗留了两日。他在给叶圣陶的信中谈了对哈尔滨道里中国大街及南岗秋林洋行的印象：

街上满眼是俄国人，走着的，坐着的……据说道里俄国人也只十几万，中国人有三十几万，但俄国人大约喜欢出街，所以便觉满街都是了。你黄昏后在中国大街上走，或在秋林洋行前面走，瞧那拥拥挤挤的热闹劲儿。上海大马路等处入夜也闹嚷嚷的，但乱七八糟地各有目的，这儿却几乎满是逛街的……

秋林的三次"商荒"

1914 年，秋林洋行经历了第一次"商荒"，由于第一次世界大战爆发，货源供应十分困难，经营陷入了艰难的境地。第二次是 1917 年俄国十月革命后，俄国羌帖（卢布）大幅贬值，俄、中商人深受其害，秋林洋行的经营受到了很大影响，其店员和工人的生活都被波及。

1917 年以后，苏联政府把俄国国内的秋林公司全部收归国有。秋林公司以董事长阿·沃·卡西雅诺夫为首的上层人物纷纷从莫斯科逃到哈尔滨，这无形之中却增强了秋林洋行的经营力量。1918 年第一次世界大战结束，经济复苏，秋林洋行抓住机会，重筹资金，再度崛起。

早在 1916 年哈尔滨的外国人就已有 4 万多，十月革命后大量白俄的涌入，使得外国人口激增近 10 万。为适应市场需求，秋林洋行在道里中央大街与六道街交口处建了一座三层营业大楼，1919 年新楼竣工开业，这便是后来著名的"道里秋林"。此时的道里中央大街上各种欧式楼房涌现，卡西雅诺夫便从美、德等国大量进口基建器材和五金商品，在中央大街 39 号开设了哈尔滨首家五金商店，使秋林洋行获利不少。

卡西雅诺夫建了工业技术部，经销机器设备；还建了汽车部和农具部，经销汽车、拖拉机并建立了农机试验场。不仅如此，还在沈阳、长春、齐齐哈尔、满洲里等地增设百货商店，在上海和日本神户设了采购办事处，在大连设了托运事务所。秋林洋行工商并举，规模空前。

1925 年 2 月，74 岁的卡西雅诺夫病逝于哈尔滨，他的大儿子尼·阿·卡西雅诺夫接任秋林洋行的董事长。1928 年时已拥有 550 多万元（哈大洋）。

1932 年 2 月，日本侵略者占领哈尔滨，封锁海关，紧缩经济，大量倾销日货。从 1933 年开始，秋林洋行的经营日趋衰落，第二年，英国汇丰银行以秋林洋行无力偿还贷款为由，把秋林洋行改为"英商哈尔滨股份有限公司"，夺去了经营权。英国人还没高兴多久，经营大权便被日本人夺去，改秋林洋行为"秋林株式会社"。这是秋林洋行的第三次"商荒"。

虽然如此，"秋林"的基础还是相当雄厚的，有餐饮部、书籍部、电料部、布匹部、玩具部、靴鞋部、皮革部、旅行用品部、服装部、家具部、钟表部、照相器材部、金属部、机械部、铜铁杂物部、烟草部、药品部、建筑材料部、燃料部等，商品也确实繁多，可是有良知的中国人都不去日本人接管的"秋林株式会社"消费。在哈尔滨的俄国人和少数外国人购买力有限，"秋林"只好打破常规，聘请有丰富经商经验的中国人进入其各部，用以吸引、接待广大中国顾客。

1941 年 12 月，太平洋战争爆发，日本视"秋林"为敌国财产，指令伪满洲国中央银行将其接管，派一个叫高中木繁的日军中佐任秋林株式会社理事长兼总经理。这个高中木繁除了压制职员和工人外，根本不懂经营，许多外埠的"秋林"分支机构一个个倒闭，只剩哈尔滨秋林株式会社苦苦支撑。到了 1944 年，秋林株式会社不得不召开紧急股东会议，将高中木繁调离，由石贺繁任理事长，中村勇藏任第一理事兼总经理，俄国人列科瓦洛夫、布洛果菲耶夫任理事，日本人富田捻任监事。此次改组，本想扭转不利局面，可适得其反，"秋林"只能勉强维持。

优秀的经营模式

1945 年日本投降后，苏联外贸部接收了"秋林"，组建了"秋林股份有限公司"，并从莫斯科派来了新管理者，不但续用了老职员，还在满洲里、海拉尔、绥芬河、齐齐哈尔、佳木斯、长春、大连、营口等地恢复、重建秋林公司分支机构。从 1945 年到 1953 年的八年当中，秋林股份有限公司以进出口贸易为主，用东北特产换取苏联的工业、日用、农机具等产品。

1953 年 10 月，苏联把秋林股份有限公司有偿地移交中国，中国政府将其易名为"中国国营秋林总公司"，从此，秋林公司才成为完全由中国人自己经营的百货商店。

这时的"秋林"已积累了丰富的经验，比如严格的检验、严密的销售、文明的服务等，都被中国国营秋林总公司学习并继承下来。

当年秋林洋行检验商品，不论大小一视同仁。比如瓷器，检验员要一箱箱、一件件查看，器口圆不圆、声音清不清脆、器面粗不粗糙、彩绘好不好、有无破损等都要逐一登记，最后签上名字才能入库。提货时由各部门负责人再度开箱检验，发现有问题的商品便甩出不要，避免了残次品摆上柜台。

大件商品也是如此。如汽车，从外国进货后，便请专家进行各部件检验，车钢还要进行化验，看其是否符合要求；然后进行外观检查，看车体油漆有没有划碰之处，如有便视为不合格，出售时要打折。最后还要走合，符合要求才能出售。对食品采取抽样化验，一旦查出问题，所有商品全都退货。肉食、糕点要求不卖隔日产品。当时人们称其商品："品质精良，坚固耐久，随意检选，故所有主，无不称便。"

秋林洋行的销售方式在当时独具特色。一般百货商店是各部营业员直接向顾客付货，而秋林洋行却设有付货处。虽然每个部门都陈列商品，顾客可以随便挑选，但各部营业员不能直接将商品付给顾客。营业员的职责是热情接待、详尽介绍。顾客选中了某种商品，营业员便开交款取货的三联单，其中的两联给顾客去交款取货，剩下的一联同选中的商品一并送到付货处，由付货员交给顾客。收款员直接受会计室领导和选派，只收钱不结账，会计室总出纳负责结账，最后由会计入账。此种方式环环相扣，层层制约，防止了许多弊端。

在服务方面，要求每个营业员言谈举止有礼貌，待人和气，热情周到，站姿优雅，不高声说话。上班前不得吃异味食品及抽烟、喝酒，营业时不许聚堆说话，不许靠倚柜台。营业员有销售指标，完成者奖励，否则罚款。

我国接管"秋林"后，保留了不少优秀的经营管理方式，加上中国式的服务，使得秋林洋行的特色保持下来。到 1959 年，秋林公司誉满全国，人们购物首先想到的便是秋林公司。

秋林逸事

1959 年 2 月初，长春电影制片厂导演武兆堤接到任务：年内拍一部名叫《冰上姐妹》的电影，为新中国成立十周年献礼。2 月 7 日，武导拉上副导演董克娜，还有编剧等一行人登上了开往哈尔滨的列车。

到哈尔滨后武导一面让编剧赶写本子，一面让董克娜领人去找主演。董克娜一行在哈尔滨找了两天也没结果，这天他们顺路走进南岗秋林公司，董克娜无心观赏琳琅满目的商品，总盯着在她面前走过的姑娘……就在大家要离去时，董克娜在一面大镜子里看到了一位健美的姑娘，她眼前一亮：这不正是女主角吗？

姑娘叫卢桂兰，19 岁，沈阳体育学院在校生，此次是来哈尔滨冬训，教练让她到秋林公司买东西，不想碰到了《冰上姐妹》摄制组。经过简单的考试，卢桂兰便被确定饰演影片中的主人公之一丁淑萍。《冰上姐妹》获得了成功，卢桂兰从此成了电影演员，其后又主演了好几部电影。1962 年，周恩来视察长春电影制片厂，在接见演员时对卢桂兰说："你是在哈尔滨秋林公司被发现的！"

秋林公司的食品也是一绝。如面包，最大的直径 30 多厘米，形状长、圆、方不一，质地有白面的、黑面的、半白半黑的，还有果脯的、夹馅的以及列巴圈（带奶油的面包圈）、古斯斯克拉（带葡萄干的黑面包），等等。西点有苏合力（有松仁、核桃仁、花生酱等几种，烤制的奶油点心）、杰克斯（用蛋黄、奶油、精粉、豆蔻、香草粉、白兰地酒做的蛋糕）、古力斯（蘑菇状西式蛋糕，外涂奶油、白糖，高矮不等，俄国人过圣诞节不可或缺之物）。

糖果也有十几种，如巧克力酒心糖、高级奶糖、夹心大虾酥糖、杂拌儿糖、饴糖、什锦糖等。还有一些欧式肉制品，如红肠；果酒如黑豆密等也闻名埠外。

20 世纪 60 年代初，我国经济一度很困难，许多生活物品凭票供应，但秋林公司并没停止食品类的生产。根据中央指示，哈尔滨在 1961 年 1 月至 1962 年 7 月间对糖果、糕点、香烟、白酒等实行高价供应，而这些高价商品主要产自"秋林"。高价糖果、糕点的销售对象是高级知识分子、文艺界知名演员、归国侨胞以及病危者。有一位秋林公司的老营业员回忆，哈尔滨某文艺团体一知名演员，每次来"秋林"都会买走十几斤的高价糖果糕点；另一位右派名角曾被下放到北大荒，回哈尔滨后也常来此购买高价糖果糕点。

当时，黑龙江省通河县有个秋林公司管辖的鱼制品加工厂，专门生产熏鱼类食品。此厂将成品送来时，加工剩下的鱼头、鱼尾也一同带来，交给公司后院的食品厂。食品厂把鱼头、鱼尾粉碎后加点调料，掺进玉米面，烤成碟子般大的饼，每个 5 毛钱。虽然贵点，可不要票还解馋，所以每天一开业，人们便抢着买。

"文革"期间秋林公司改名为"东方红百货商店"。1969 年，哈尔滨市革委会根据"备战、备荒为人民"的指示精神，指定在"秋林"搞"能打、能防、能供应的战备试验点"，就是在商店下面挖防空洞。"秋林"自己单位人手不够，于是动员隶属百货商店的兄弟单位，每天几百人来此挖洞。1971 年完工时，整个地下防空通道有 1800 多延长米，包括指挥所、治安室、救护所、幼儿园、地下商店、地下面包房、过滤室和 20 多个"猫耳洞"。当时阿尔巴尼亚经济代表团、沈阳军区领导都来参观过这个地下防空洞。

"文革"后期，秋林公司改称"松花江百货商店"，哈尔滨的一些小学常组织学生到其后院的食品厂义务劳动，学生们有的用糖纸包糖，有的刷黑豆密酒瓶子，还有的学做大面包、糕点。1976 年的一天，电器部柜台前围了很多人，原来是电影演员方化来此为"长影"购买录音机，人们争先恐后，只为一睹这位"日本军官"的风采。方化一行走后，电器部有个营业员还对来迟者说，刚才那个"日本鬼子"与他谈了话呢! 对方惊问哪个日本鬼子，营业员将双手放在头上做举刀状："《平原游击队》里的松井!"

1984 年，秋林公司恢复了原名，在保持"秋林"传统的基础上增加了中国特色，比如"里道斯红肠"，国人把大蒜加入其中，吃起来别具风味。1995 年，秋林公司在原二层楼上又加盖了两层，但其欧式风格没变。

秋林公司是俄国人开的，有趣的是新时期的俄罗斯人已忘了他们先人的工艺，不得不派专人来哈尔滨学习做红肠和大列巴。

今天的哈尔滨秋林公司在其营业大楼的对面又建起了一座新大厦——秋林时代购物广场，两座建筑共同组成了哈尔滨秋林集团股份有限公司。这些原本来自异域的传统在中国、在百年秋林还将继续下去。

李连贵熏肉大饼

吉　文

吉林省传统风味食品李连贵熏肉大饼，远近闻名，蜚声中外。它发源于距四平市郊 60 里的梨树县，迄今为止已有近百年历史。清光绪二十年（1894 年），河北滦县人李连贵闯关东来到梨树县落户，先开设"兴盛厚"生肉铺，后兼营熟肉、兰饼、叉火烧等。为做出上等熏肉，李连贵自家养猪，选用精料，又虚心求教本店中的常客老中医，选用八九味中药加入煮肉汤中，使其熏肉香味殊异，招徕四方食客，于是李连贵熏肉名声大振，不胫而走，李连贵大饼也随之创制并闻名。

1940 年李连贵病故，其继子李尧继承父业，于 1941 年迁店于四平市北市场，多次求教于名医，调整改进煮肉用的辅料配方，突出了调香味、增食欲、健脾胃、助消化的作用，并用肉汤浮油加作料和面，炸成酥饼，再配以解腻的葱丝、面酱和祛暑的大米绿豆粥，饭后又加一杯健脾胃、助消化的枣汤，遂形成独特的吉林地方风味李连贵熏肉大饼。它的特点是：熏肉色泽棕红，耐腐力强，肥而不腻，瘦而不柴，松软浓香，余味悠长。大饼饼色金黄，分为七层，形如满月，层次分明，外焦里软，焦而不硬，软而不黏，酥软可口。如果以饼夹肉，回锅再烙，则肉香浸入饼内，饼味肉香珠联璧合，异香四溢，风味更浓。难怪一些游人墨客，慕名而来或闻香止步，一品佳肴，赞不绝口。

李连贵熏肉大饼于 1982 年被命名为吉林省"优质风味食品"。1985年，邓小平同志品尝后的评语是："经济实惠，简单好吃。"陈云同志品尝后赞为："别具风味。"一些国际友人品尝后也都给予了很好的评价，一位巴西华侨认为：李连贵熏肉大饼胜过了圣保罗的千层饼。现在李连贵熏肉大饼在四平市已增设四处店面，由李连贵的后代继承祖业，仍是供不应求。辽宁、黑龙江等 20 余城市亦移植经营，遍及全国，成为中国食苑的一枝奇葩。

浦在廷与宣威火腿

———
蒲元华

1950年12月的一天，一位70多岁的老先生垂危病榻，久久难咽下最后一口气。他在回顾自己坎坷而不平凡的一生，他在等待自己心爱的小女儿的到来。他就是云南鼎鼎大名的宣威火腿罐头的创始人，护国、护法爱国运动的坚定追随者浦在廷先生，他在等待的是心爱的掌上明珠卓琳。小女儿卓琳在抗战初期抛弃家中优裕的生活，投奔革命圣地延安；1939年和邓小平喜结良缘，在宣威及省城昆明引起了一阵轰动。老人听说女儿已随刘邓大军到了重庆，便捎信给她，希望能在瞑目之前看上她一眼。待卓琳风尘仆仆赶回老家，浦在廷才溘然长逝，终年77岁。

浦老先生一生追求进步，祈望实业救国，虽然迎来了新中国的成立，却没有看见生前曾为之呕心沥血的火腿事业以崭新的面貌重新走向世界。

1873年5月，浦在廷出生在云南宣威县城一个书香之家，父亲浦春澜是清光绪年间的拔贡，在本镇开馆教学，并课读膝下四个儿子，一心指望他们走科举进身之路。三个儿子都不负父望，考取了秀才、贡生，唯有小儿子浦在廷不屑于做科举制度的奴隶，要走一条自己认定的道路。

1887 年，才 14 岁的浦在廷竟然提出要去参加马帮当赶马人。浦春澜闻言如雷轰顶，自己的儿子居然自甘堕落，简直有辱斯文！浦在廷违背父命偷偷跟着马帮出走，父亲派人追回、关禁闭。如此抓了跑，跑了抓，几经反复，父亲徒唤奈何，只得听任浦在廷走自己选定的道路。浦在廷绝没想到几十年后，自己的女儿也没有听从自己的安排，跑出去参加了革命，父女性格道路，竟如此相似。

当年云南交通闭塞，没有公路，更没有汽车，马帮是唯一的交通运输渠道。马帮需穿过瘴烟毒雾的原始森林，要躲过土匪强盗的重重障碍，跋山涉水，生死难卜。而浦在廷挺过道道关口，数十次死里逃生，终于从赶马人发展到拥有自己的马帮，并渐渐成为一名在滇东北一带拥有实力和声望的商人，担任了县商会会长。

宣威火腿是浦在廷贩卖的大宗商品之一。宣威火腿色润鲜艳，红白分明，咸而带甜，营养丰富，余味无穷，与金华火腿、江苏如皋火腿鼎足而立，并称"中国三大名腿"。然而宣威火腿表面油渍，粗大笨重，不便携带，影响销路，聪明好学的浦在廷时时在思索琢磨改进。恰巧那时欧风东渐，时有罐头食品流入中国，浦在廷眼睛一亮：何不把火腿制成罐头？1909 年 8 月，浦在廷和几位同人创立了宣威历史上第一家"宣威火腿股份有限公司"（浦任总经理），后又自创"浦在廷兄弟食品罐头公司"，自任董事长兼总经理，商号"大有恒"，商标"双猪"牌。

创业难，创名牌更难。身为总经理的浦在廷，亲自到广州、香港等地购买机器，又派人到广州学习制作火腿罐头的技术。他以身作则，与工人一道工作，切实把好质量关，做到不合格的火腿决不入罐；他常在车间里抢修机器，就是把手擦伤磨破也全然不顾；对制片、封口、蒸煮等主要工序，他都要亲自检验……由于火腿罐头制作精细，装潢别致，携带方便，味道鲜美，宣威火腿很快在国内外市场打开了销路，产品供不应求。

1915 年，"双猪"牌火腿罐头在巴拿马博览会上获得金质奖，成为云南最早进入国际市场的名特食品之一。1923 年广州食品博览会，"双猪"牌火腿罐头又大受好评，获优美奖。孙中山亲自题赠"饮和食德"锦幅，并委任浦在廷担任广东省烟酒公卖局局长及全国总商会副会长。火腿公司业务得到了蓬勃发展，产品除在国内销售外，还远销香港、澳门、新加坡、缅甸、越南、巴拿马、日本、德国、法国等市场，在国内和东南亚各地开设了 26 家分号。

浦在廷的罐头产品行销海内外，浓厚的火腿经济、火腿文化迅速带动了大批工商业者加入火腿生产经营行列，宣威境内先后出现了"义信成""裕丰和""利源通""秉诚公""聚盛祥"等上百家火腿商号，每年销往省内外的火腿约 30 万公斤，约有 30 万罐火腿进入东南亚及欧美市场。

浦在廷办实业收效颇丰，但同时他也不忘以"救国"为己任。

1916 年，云南蔡锷率领护国军入川讨伐窃国大盗袁世凯，时任商会会长的浦在廷积极为护国军筹粮集款。护国军凯旋后，他因有功荣获银质梅花奖章，省长唐继尧还亲书"急公好义"大字匾额送给浦。此后，浦在廷又结识了李根源、朱德、范石生等云南军政界要人，在他们的影响下，民主主义思想日渐坚定。

1917 年 9 月，孙中山在广州成立军政府，开展与北京段祺瑞政府相对立的护法运动。浦在廷与滇军进步将领一起，积极支持孙中山反对北洋军阀。1921 年 11 月，他又随滇军入粤，参加孙中山发动的讨伐军阀行动，并被任命为旅粤滇军军需总局局长。粤军总司令陈炯明在广州发动叛乱后，滇军受孙中山之命平叛，很快将陈赶出广州，孙中山嘉奖讨陈有功人员时，特授浦在廷少将军衔。

1924 年 6 月，孙中山在广州创办黄埔军校。浦在廷让长子到广州主持火腿公司业务，送次子进黄埔军校第一期学习，以期既发扬火腿事业，又在军政界为国效力。1925 年 3 月 12 日，孙中山在北京逝世，唐继尧乘机与驻粤滇军总司令杨希闵共谋叛乱。由于浦在廷坚信三民主义，继续支持廖仲恺和广东革命政府，被叛军投入监狱，火腿公司的财产也被洗劫一空。直到国共两党组织的黄埔学生军平定叛乱后，他才得以出狱回乡。

浦在廷虽经政治和经济上的重大打击，但壮心不已。他带领儿孙更新改造设备，扩大生产，并以宣威为腌制火腿基地，在昆明建立罐头厂。同时，他还热衷其他公益事业，如建水碾坊，以水力碾米、磨面，为远近农民加工粮食；出资兴办教育及架桥铺路；在东山寺建立"海会塔"骨灰房，扬其火化遗体之主张；为宣威东河、西河的灌溉防洪出谋献计……深受地方民众的敬佩与拥戴。

太平洋战争爆发后，对外交通线被切断，宣威火腿罐头加工业也随之衰落，至新中国成立后虽曾有短暂辉煌，但接踵而来的"大跃进"，尤其是"文化大革命"，又令宣威火腿几近绝迹。直到 20 世纪 80 年代，乘着改革开放的东风，家庭联产承包制的落实，宣威火腿加工业才再振雄风。90 年代，宣威火腿又因获得各种国际、国内大奖而名噪一时，重新走向世界。

宣威火腿工业的创始人浦在廷虽然没有看见火腿事业的再度辉煌，但后继者却不会忘记这位先驱者的卓越贡献。

美味佐餐郫县豆瓣

—————
皮文实

"郫县豆瓣"，是具有悠久历史的地方食品特产，驰誉中外。既可直接用于佐餐，又是川菜食谱中必备的调味佳品。它以味辣、香醇、瓣脆、黏稠绒实、色泽油亮鲜红等特点著称。用于炒菜、烧肉，分外增色、提味，特别是烹调"回锅肉""豆瓣鲜鱼""麻婆豆腐""红烧鲢鱼"等四川名菜，更加别具风味。许多途经四川郫县的旅客，或回乡探亲者，多购买郫县豆瓣，或自家享用，或馈赠亲友，怡然自得。而今，侨居国外的四川籍同胞来信要求邮购的，也日益增多。1971年，国际友人（外籍华人）韩素音女士来郫县参观访问时，曾购买20余斤郫县豆瓣带往国外。自1958年以来，郫县豆瓣开始批量畅销北京、上海、天津、南京、西安、昆明、广州、兰州、拉萨等各大城市；还远渡重洋，调往泰国、日本、美国以及南斯拉夫等国川味饭馆使用；并在中国香港地区市场展销，深受顾客好评。

郫县豆瓣创始于清朝嘉庆九年（1804年），至今已有200余年的历史。先是陈家以专卖酱油、麸醋为业，后因经营得法，生意兴隆，即自开店铺。

清代咸丰年间，由陈守信经营，资本增多，遂在南街开设酱园，取号"益丰和"，常年酿造酱油、麸醋。按季节制作各种泡菜、酱菜等。每到夏季鲜红海椒登市之际，"益丰和"便大批收购，宰细后加入盐巴、面粉与胡豆瓣子等，经日晒夜露，制成辣豆瓣，这就是最早生产的郫县豆瓣。当时只有工匠十多人，年产豆瓣数千斤，主要销售城关饮食店和部分居民食用。

光绪年间，陈守信死后"益丰和"由其第六子陈竹安经营，豆瓣生产工艺趋于完善，豆瓣年产量上升到三四万斤，生产有了较大发展。

光绪三十一年（1905 年），彭县弓鹿宾迁来郫县，在东街开设"元丰源"酱园，县人称为新酱园。新酱园的开设，打破了陈家独家经营的局面，对陈竹安是一个威胁。精明能干、善做生意的陈竹安重视产品质量的研究和改进。他在起居室内摆满小缸、小碟，采取各种豆油、豆瓣样品，经常亲尝品味；产品稍不合意，立即叫工匠改进等级货号，或星夜返工另造。豆瓣制作工艺日益完善，产品也保住了市场，销售到城乡各地。

"元丰源"是陕帮老板投资，先后由经理曾宝卿、刘乃清主持业务。曾、刘都是擅长竞争、有所作为的商场人物。在他们的主持经营下，豆瓣产量与"益丰和"不相上下，但在色香味上却较为逊色。曾宝卿在茶余饭后，经常向陈竹安试探工艺诀窍，陈竹安不是笑而不言，就是环顾左右而言他。"益丰和""元丰源"对工艺技术互相保密，连工匠也不准互相往来。尤有趣者，"益丰和"多年使用的配料秤杆，竟是一根粗长的青杠锄把，上面没有秤星，使用时全凭老板心中暗记为准，连工匠也不得要领。就这样，两家酱园在经营中竞争发展。

民国时期，"益丰和"发展到晒场近 10 亩，晒缸近 5000 口，年利润相当于 600 亩的地租收入。"元丰源"的利润也不相上下。两家酱园各拥有工匠 40 人左右，年产豆瓣各约 20 万斤，成为郫县工商界的实力大户。

郫县豆瓣的外销，开始是和郫县烟叶（丝烟的原料）紧紧连在一起的。民国初年，郫县农村盛产大烟叶，驰誉西南。东路经成都、重庆沿江而下，销至湖北宜昌；南路经宜宾转销云、贵；西路经雅安转销西康，直至察木多；北路经昭化、广元转销陕西、甘肃；外地来郫的大烟叶庄客络绎不绝。他们对郫县豆瓣产生了极大兴趣，竞相购买，互相推荐。有的将豆瓣宰细，炼以熟油，作便于携带的长途下饭菜；有的带回家乡，馈赠亲友。同时，更有贩运豆瓣者，借以牟利。因此，大烟叶销到哪里，郫县豆瓣就传播到哪里，凡路经郫县的商贩旅客，大多要购买"益丰和"豆瓣。郫县豆瓣竟超越大烟叶销区，驰誉遐迩。

民国四年（1915年），四川军政府去西藏犒军，到郫县两家酱园各订购豆瓣三四万斤。这是当时在销售历史上最大一笔生意，也是郫县豆瓣大批运往省外的第一次。两家酱园互比质量，如期交货。包装仍用荷叶、油纸内封，外用竹篓加以保护，经三个多月的长途转运，豆瓣到达驻军营地时，仍保持原有的色香美味，深得赞赏，官兵欢迎。军政府传令嘉奖，赠送奖牌。20世纪30年代时，四川省劝业会把郫县豆瓣评为优等品，声名远播。

但是在40年代时，两家酱园生产逐渐衰落，"益丰和"管理不善，漏洞百出，陈家子弟随意挪用、窃取号上资金，挥霍浪费，豆瓣生产数量相应下降，生意萧条。"元丰源"虽制度甚严，经营得法，但县府、警察、袍哥及地方恶势力时常光顾，酱园每年不得不付出上百石米的"应酬费"，始得平安无事，故"元丰源"人称"接官厅"。两家酱园更大的危机，则是酱园的真正的主人——工人日夜辛勤劳动，生活却得不到温饱。新中国成立前夕，两家酱园的89名工人中，半数以上年过半百者，还是"光棍"，无法供家养口，加之，国民党经济崩溃，物价飞涨，人心惶恐，社会混乱，酱园生产遂奄奄一息。1949年，两家酱园豆瓣生产总量不过20多万斤，不到最高年产量的一半。

新中国成立后，因得党和政府的重视，实行加工订货、收购包销，并给予资金上的扶持和帮助，郫县豆瓣的生产才得到了恢复和真正的发展。1955 年，两家酱园以"益丰和"为主，首先实行公私合营，由陈文伯任经理，在工人代表的配合下，分管生产和经营业务。进而合并为"国营郫县豆瓣厂"，工人当家做主，生产蒸蒸日上。20 世纪 70 年代，全厂有晒缸 12000 余口，年产量上升到 200 余万斤，相当于合营前年产量的 4 倍以上。1979 年，豆瓣翻晒机试制成功，进入机械化生产时代。1980 年，建豆瓣条形池百余个，以便储藏。1983 年产量高达 400 万斤。

郫县豆瓣之所以驰名中外，销路广阔，根本原因在于制作细致、精湛，具有独特传统技艺及水质和气候的优越条件。它先将去壳的大白胡豆瓣子用沸水捞煮，进而拌和面粉，自曲发酵，再翻入盐水缸内搅匀，经日晒夜露成熟后，按一定比例加入宰细的鲜红海椒和食盐等，继续翻晒、夜露一年左右时间，豆瓣即趋成熟。如继续长期酿制，则色素逐渐加深，成为"黑豆瓣"，只供佐餐，别有风味。

在操作过程中，它有严格的操作规程和质量管理制度。晒场划片管理，包干到组，负责到人，常年坚持晴天晒、雨天盖、白天翻、晚间露，勤翻、勤查、勤管理，直至豆瓣呈红褐色，鲜艳油润发亮，香气浓郁（酱香和酯香味），味香而醇厚，瓣酥而味辣，咸淡适宜，单食可口。

郫县豆瓣可以长期存放（放入玻璃器皿或陶瓷罐均可），不发霉、不生膜、无异物、无异味，理化和卫生指标均符合国家标准。1980 年香港展销会上，有的海外侨胞拿到馈赠的郫县豆瓣，激动地说："有几十年没有尝到郫县豆瓣了！"可见他们对郫县豆瓣一往情深，衷心赞赏。

郫县豆瓣，自建厂以来，多次得到省、地、县有关领导部门的表扬，1980 年，郫县豆瓣荣获"四川省优质产品"的称号。1983 年荣获四川省人民政府计、经委颁发的"省优质产品奖"。

现代文人与老上海的咖啡店

海 音

　　北京有老舍笔下的茶馆，江南有鲁迅笔下的酒楼，土生土长的茶馆酒楼是中国古老文明的风景线，它们的历史可以追溯到距今 2000 年以前的奴隶社会。但是咖啡店则是近百年西方文明进入中国通商口岸的舶来品。从 20 世纪 60 年代到 80 年代，我们多次在访谈中听到老前辈田汉、夏衍、阳翰笙等以怀旧的感情说起老上海的咖啡店，念念不忘。他们说：在巴黎和马德里等文化名城的旧区老街旁，有一些咖啡店已经成为历史文物，尽管铺面狭窄、设备简陋甚至烟熏火燎，但也因此更加珍贵。当地居民自豪地向观光客指点道："这里是波德莱尔、罗曼·罗兰和海明威……常来高谈阔论的座席，那里有梵高、马蒂斯和毕加索……留下的足迹！"老前辈们指出：在上海也有这样足以自豪的咖啡店。其中有两处特别具有文化史的价值，值得纪念，应当作为历史文物加以保护：第一处是靠近虹口公园、四川北路底的"公啡"；第二处是淮海中路的 DDS 咖啡店。五四以来，几代中国文化人跟老上海的咖啡店结下了不解之缘。

田汉首次表现"咖啡店情调"

1921 年 12 月，田汉（23 岁）在日本东京留学期间创作的独幕诗剧《咖啡店之一夜》，乃是中国作家首次在舞台上抒发"咖啡店情调"的作品。当时郭沫若以为田汉的灵感源自东京银座的咖啡店，其实不然。据田汉生前亲口告诉我：该剧的背景是老上海的咖啡店。田汉在 1916 年至 1919 年，曾经几度光临上海，在虹口"公啡"咖啡店流连忘返，诗剧《咖啡店之一夜》的受孕，恰在其时。

"公啡"咖啡店坐落在老上海公共租界边缘、中西文化的汇合点上，北四川路和窦乐安路交叉口。它有几十年历史。据传店主是个犹太人（一说是挪威人）。但周围居民有不少日本人，如著名的内山书店（鲁迅的好友内山完造所办）就在马路对面。20 世纪 80 年代劫后余生的夏衍、阳翰笙回到上海时，也一再寻访过"公啡"的旧址——北四川路 998 号。

这座咖啡店分两层，楼下的格局跟田汉诗剧中描述的相似，正面整个墙上镶嵌大玻璃镜，柜台上放置咖啡暖罐、牛奶暖罐以及杯盘餐具等。右方有门通厨房、内室，障以布帘。前面是几个圆桌，装饰有日本式的花瓶、盆景，颇为雅致。

田汉剧本中没有涉及咖啡店二楼。"公啡"二楼为西餐厅。临街是一排宽敞的大玻璃窗户，沿着窗户排列着四座车厢式的餐桌，座位两两相对，木椅的高背正好把各个餐桌的客人隔开。另外还有单独的包间。

诗剧男主角的模特儿是田汉的好友李初梨。他们两人曾经在咖啡店共饮，感叹人生的酸苦，宣泄胸中之不平。诗剧中写到的俄罗斯盲诗人，正是指怀抱吉他浪游世界各地、于当年 10 月来到上海的俄国艺术家爱罗先珂。诗剧中的女主角、为寻找昔日情人而进城暂时服务于咖啡店的女招待白秋英，则是出自田汉虚构，但于生活中亦有所本。

田汉《咖啡店之一夜》的基调是个性的觉醒、自由的渴望，是对于金钱和权势社会的悲愤和蔑视，是"新浪漫主义"（也即现代主义）的体验和感伤。这洋溢着现代精神的情绪，通过咖啡店的场景才能充分宣泄出来。就是这种罗曼蒂克式的"咖啡店情调"，在20世纪20年代的上海，把创造社、太阳社的许多革命作家和小资产阶级知识分子吸引到"公啡"咖啡店来。

"公啡"与中国左翼作家联盟

在"中国左翼作家联盟"筹备时，"公啡"已经成为文化人经常的会聚处。夏衍回顾："我记得左联第一次筹备会议，是1929年10月中旬（双十节之后不久），地点在北四川路有轨电车终点站附近的公啡咖啡店二楼，参加者有潘汉年、画室（冯雪峰）、华汉（阳翰笙）、钱杏邨、冯乃超、彭康、柔石、洪灵菲、蒋光赤、戴平万和我（当时用的名字是沈端先），共11个共产党员。在咖啡店楼上包了一个单间。以聚餐的名义开会。"

笔者也询问过阳翰笙，他证实了夏衍的说法，并回忆了当时在"公啡"咖啡店二楼召开左联第一次筹备会的情况；唯一的差别是他记得："出席人数是九个，皆为中共上海临时中央局的文化骨干：潘汉年、画室（冯雪峰）、沈端先（夏衍）、钱杏邨、洪灵菲、冯乃超、柔石、李初梨和我（阳翰笙当时用的名字是华汉）。"而不是夏衍所说的11人。按照阳翰笙的回忆，出席者中没有彭康、蒋光赤、戴平万；而夏衍的回忆中没有李初梨。两位老前辈对于人名的回忆有些差别，到现在已经无从详细核对了。但可说是大同小异，基本一致吧。

阳翰笙说："从1929年10月中到1930年3月，左联筹备组织的几个月期间，文化支部根据上级党委的指示，指定冯雪峰同志负责跟鲁迅先生经常联系。接头的地方，多半就在北四川路底'公啡'咖啡店二楼。"当时担任中共上海市闸北区街道支部书记的黄耀，在 20 世纪 80 年代写的回忆录中证实了阳翰笙的说法。老前辈们都认为："公啡"咖啡店是中国左翼作家联盟诞生的摇篮。

为什么选中"公啡"咖啡店二楼作为这样具有重大历史意义的"左联"筹备会址呢？当时中共地下党组织的考虑如下：第一，它在公共租界是一个犹太人开的店，是外国人常去的地方，巡捕房包打听是不大注意的，比较安全；第二，出席会议的共产党员属于闸北区第三街道支部，后来改为文化支部，大多居住和工作地址就在附近，例如地下党领导的中华艺术大学就在不远的窦乐安路（今多伦路）145 号；鲁迅住在景云里，夏衍住在吴淞路等。所以地下党才选中"公啡"作为聚会和联络的常用地点。

鲁迅先生和"公啡"咖啡店

1928 年鲁迅在《革命咖啡店》一文中写道："遥想洋楼高耸，前临阔街，门口是晶光闪烁的玻璃招牌，楼上是我们今日文艺界上的名人，或则高谈、或则沉思，面前是一大杯热气腾腾的无产阶级咖啡……倒也实在是理想的乐园。"当时鲁迅跟创造社、太阳社的革命作家们尚在论战，误会和隔阂有待解除，所以文中不无调侃嘲弄之意。鲁迅写道："我是不喝咖啡的，还是绿茶好……这样的咖啡店里，我没有上去过。"

但是过了一年以后，鲁迅愉快地登上了"公啡"二楼。后来夏衍对我回忆道："我清楚地记得 1929 年底，一天很冷的下午，鲁迅先生亲自到'公啡'咖啡店出席了筹备左联的聚会，跟潘汉年、冯乃超和我交谈得非常融洽。左联的筹备会一般每周一次，需要时隔两三天就碰头。地点固定在'公啡'咖啡店二楼上一个包间里，西餐桌旁可容十几个座位，1930 年 1 月下旬，就在'公啡'咖啡店起草了左联的纲领，协商了发起人名单，并一致决定在 3 月正式召开左联成立大会。"

1930 年 2 月 16 日，左联的 12 个发起人：鲁迅、冯雪峰、沈端先、田汉、华汉（阳翰笙）、柔石、冯乃超、钱杏邨、蒋光慈等人在"公啡"召开一次讨论会，以"清算过去"和"确定目前文学运动底任务"为题。当年 3 月《萌芽月刊》第 1 卷第 3 期作了报道。

当时在"公啡"酝酿成立的不仅有左联，还有"中国左翼戏剧家联盟"，即"剧联"。根据戏剧界老前辈赵铭彝回忆："1929—1930 年，在田汉领导的南国社、洪深领导的复旦剧社、郑伯奇领导的艺术剧社等基础上，联合成立了中国左翼戏剧家联盟，筹备会也是在北四川路窦乐安路口'公啡'咖啡店二楼举行的。"

老作家魏猛克回忆说："1933 年我参加左联不久，周起应（周扬）带我到内山书店见到了鲁迅，一同到马路对面一个挪威人开的'公啡'咖啡店去谈话。这个咖啡店比较僻静，鲁迅常在这里跟文学青年交谈，是值得纪念的地方。"但是鲁迅仍不随同大家一起喝咖啡，他单独点一杯绿茶。有时夏衍则陪着鲁迅喝茶。在西洋风味的咖啡店，却偏要喝中国绿茶，这也是文坛一绝吧。也很能说明鲁迅的性格特点。

茅盾、胡风先后担任过左联书记或执行委员，他们都是"公啡"的常客。据说鲁迅和巴金也曾在"公啡"见面。

周扬夫人苏灵扬回忆说："1934 年秋天我和周扬结婚。第二年地下党组织遭到严重破坏，田汉、阳翰笙等被捕入狱。在残酷的白色恐怖之下，我担任过周扬跟鲁迅先生的联络员。我先陪同周扬到北四川路的'公啡'咖啡店，他留在那里等候；我就去内山书店找到鲁迅先生，领他来到'公啡'。现在还能回忆起当时的情景：咖啡店座位是最普通的四座车厢式，鲁迅穿着长袍，嘴上含着烟斗，烟雾袅绕。"交谈时，周扬夫妇喝咖啡，鲁迅喝茶。

首次进入中国电影的咖啡店

现在把目光转向上海的另一个老牌咖啡店——坐落在今淮海中路（前法租界霞飞路）的 DDS。

DDS 也是一座两层楼的咖啡店。门面不大不小，大约建于 20 世纪初，店主是一位法国老太太，一说是白俄。楼下是大菜（西餐）厅，也是玩"老虎机"的地方。二楼上则周围一圈咖啡座，中间是歌舞音乐表演的场地。DDS 的布局，跟"公啡"不同。有人说："公啡"是东洋式的，DDS 则是西洋式的。

20 年代以来，在"公啡"经常聚会的文化圈以作家、记者们为主，在 DDS 经常聚会的则以影剧界、艺术界为主；"公啡"位于从前的公共租界日本势力圈边缘，所谓"越界筑路"的地段，即鲁迅所说的且介亭（半租界），DDS 则位于从前的法租界中心地带。

1926 年 4 月，主持"南国社"的田汉又创建了"南国电影剧社"，时年 28 岁，耽于"银色的梦"。鸣锣开道的第一部电影（无声片）就是田汉自编自导的《到民间去》。这部作品已经酝酿了整整五年之久。在他脑海中经常浮现一些动人的场面："小小的咖啡店中，有一班意气如云的青年相聚而痛论社会改造的大业……"

8 月，电影镜头从"上海一个大学旁的咖啡店"开拍：一群血气方刚的大学生（由蒋光赤等扮演）会集在咖啡店里，欢迎一位漂泊天涯的俄国诗人（由当时访华的苏联作家皮涅克扮演）。"到民间去"本来是俄国 19 世纪 70 年代民主主义知识分子（所谓民粹派）志在改造社会的热诚而又朦胧的口号，也是一个美丽而又感伤的梦想；影响到 20 世纪

20 年代日本的一群热血青年，如天才诗人石川琢木写出许多激情的篇章；社会主义是他们共同的目标。影片中的几个青年人，有的主张"新村运动"、有的主张社会改良、有的主张暴力革命，在咖啡店里争论不休……影片中所说的上海一所大学，就是当时法租界善钟路（今常熟路）87 号的上海艺术大学，后改组为南国艺术学院，田汉先后担任文科主任和校长；影片中所说的咖啡店，就是不远处霞飞路上的 DDS。

不久，皮涅克把他在上海咖啡店的亲身经历写进了《中国故事》一书，1928 年由莫斯科—列宁格勒的苏联国家出版社印行，在全世界造成影响。皮涅克写道：

> 1926 年 8 月 2 日，蒋光赤陪同我来到南国电影剧社的摄影棚。咖啡店的布景已经准备就绪。上午排练，田汉讲解剧情要求和动作设计；午饭后正式开拍，直到下午 4 时多，拍完了《到民间去》中咖啡店的一场戏。
>
> ……咖啡店里挤满了人。两位大学生认出了我，立即上前要与我相识，我们互换了名片，交谈起来。他们对我这位俄国革命作家表示欢迎。然后我们大家——大学生们，咖啡店的女招待们，以及我们这些分别从事科学和艺术的人，起立举杯，一饮而尽。我又按照欧洲方式把大学生的手放在女招待的手心上，以此象征科学和民主联合，知识与劳动联合！所有这些，都是田汉想出来的。

田汉编织了这个美丽而感伤的梦。这咖啡店的女招待美玉，是这群大学生所共爱的。俄国诗人拉着美玉的手说："你们谁真达到了改造中国的目的，谁就得到了这位姑娘的爱！"田汉《到民间去》的主题是

"2L"，即"知识 Learning 与劳动 Labour"相结合。影片充满了罗曼蒂克式的情调，而以殉情的悲壮剧告终。田汉说："假如这个影片有什么成功的地方，那就是很真实地描写了一个热情的、幻想的、动摇的小资产阶级青年的末路。"

同样写"咖啡店情调"，田汉 1926 年的《到民间去》比 1921 年的《咖啡店之一夜》前进了一步，这也反映了时代的发展。

DDS 的常客

我们听南国社骨干吴作人、陈白尘、金焰等老前辈回忆，他们当时都是 DDS 咖啡店的常客；大画家徐悲鸿，电影导演史东山、蔡楚生等人，也经常在 DDS 聚会。这里还是郁达夫跟王映霞、徐志摩跟陆小曼、蒋光慈跟吴似鸿、金焰跟王人美、金山跟王莹……谈恋爱的地点。二楼跳舞场上，时常可见他们双双对对地翩然舞影。

中共地下工作者也把 DDS 当作一个安全的联络处。听阳翰笙回忆说：在 1929 年 9 月，中共江苏省委宣传部长李富春约阳翰笙（当时化名华汉，负责上海闸北文化支部）在 DDS 密谈。李传达了党中央领导人（周恩来）的指示：一定要尊重鲁迅先生，立即停止跟鲁迅在"革命文学"方面的论战；联合起来，以鲁迅为首筹备成立"左翼作家联盟"……

听金山回忆说：1932 年，他参加了左翼戏剧家联盟，被派到工厂搞工人戏剧运动，组织"蓝衫剧团"。后来又被调到"中国左翼文化总同盟"（简称"文总"），负责"剧联"的工作。有一天，"文总"的组织委员许涤新通知金山下午到霞飞路 DDS 咖啡店出席"文总"的秘密会议。金山到达时，许涤新已经在座，和他坐在一起的绅士模样的人，经介绍就是"黄子布"（沈端先的化名）。接着欧阳山和钱杏邨都来了。

那时沈端先领导左翼电影、剧联和对外联络工作。金山印象里的黄子布是一位 30 岁开外的白面书生。穿着一套很整洁的西服，头发也梳得很整齐，戴着玳瑁眼镜，端坐在那里严肃地看一份英文报纸，样子很像大学教授。白俄女招待走了过来，黄子布稍稍转过头，对她用英语说了一句："来五份咖啡，加牛奶和方块糖。"一会儿，五份咖啡送来了。这是金山第一次出席"文总"的会议，沈端先一边看着手里的英文报纸，一边谈话（其实在作形势报告）。随后，许涤新、钱杏邨、欧阳山和金山各自做了工作汇报，接着又轻声进行讨论。最后，黄子布作了"简短的结论"。散会，大家先后离去。当时金山心里还有一点不明白，为什么"黄子布"穿得那么讲究？后来才懂得，这种整洁、庄重的仪态，正是当时当地在政治上的一种保护色。

此后，金山等人常去 DDS 咖啡店碰头。

听夏衍回忆说：1932 年盛夏的一个晚上，由留美归国的洪深博士介绍，明星影片公司老板周剑云约请左联的夏衍（化名黄子布）、钱杏邨（化名张凤梧）、郑伯奇（化名席耐芳）在霞飞路 DDS 见面，洽谈甚欢；席间正式聘请三人担任明星公司的编剧顾问。这就是中国电影史上光辉的一页："党的电影小组"的开端。

又听黄宗江回忆说：1940 年他离开北平燕京大学来到上海从艺。三表兄冒效鲁和挚友钱钟书经常去霞飞路白俄开的 DDS 咖啡店，一聊就是一下午。表兄有时带着黄宗江同去。不知是因为黄听得懂他们的学问语言，还是不懂。他只是默默地坐在一角听着、听着，听他们谈南宋、南明，苏格兰的彭斯……谈话内容对黄来说很生僻、很奥秘。那是在抗战时期沦为孤岛的上海，钱钟书和冒效鲁所感慨的正是亡国遗恨！

DDS 的一幕惨剧

20 世纪 40 年代，在沦为"孤岛"的上海租界，电影圈里发生了一桩哀怨凄绝的事件，背景也是在 DDS。

曾在《十字街头》中担任配角而闻名的女演员英茵，1941 年在上海大成影片公司主演了电影《灵与肉》，这是桑弧编写的第一个电影剧本，也是王丹凤首次登上银幕，怀抱中的小女娃娃赵青（初次使用艺名赵露丹）扮演她的幼女。

电影上映的成功并没有给英茵带来快乐，因为她不久得悉噩耗：她的爱人平祖仁从事地下抗日工作，不幸被"76 号"逮捕杀害了。英茵悲痛欲绝，身心交瘁。

1942 年 1 月，她约请两位好友在 DDS 喝咖啡，长谈两个小时。英茵对他们说："日本鬼子进了租界，凶狠毒辣……我身体不行了，许多事情办不成了。我要走了……希望你们勇敢地投入抗日斗争！一定要把日寇赶出上海、赶出中国！还我干净的国土！"

告别以后，英茵到国际饭店以"干净"两字为名登记，租了一个房间，当晚，英茵从容服毒自杀。对祖国的爱、对日寇的恨、对丈夫的情，竟以身殉！如此烈女，选中 DDS 抒发她临终遗愿，绝非偶然。

以上简述，挂一漏万。要是把几十年间在上海"公啡"和 DDS 咖啡店发生的丰富多彩的场景一幕幕写下来，真不亚于老舍的《茶馆》。

漫话广州茶楼业

冯明泉

　　广州市的茶楼行业，是所有饮食行业中资金最庞大、经营最稳定的一个自然行业。这个行业中，百年老号比比皆是，为其他自然行业所少有。

二厘馆—茶居—茶楼

　　广州人嗜好饮茶，甚至人们早上见面相互问候，也说"饮咗茶未"？工余之暇，上班之前，会亲友，话家常，相互聊天的好去处也多在茶楼。所以不论农、工、商、自由职业、肩挑负贩人等，不少是茶楼的常年座上客。

　　广州的茶楼业和所有其他饮食行业一样，经历了一个由小而大、由少而多逐步发展的过程。清代咸丰、同治年间（1851—1874），广州尚没有茶楼，直至光绪初年才只有"二厘馆"。"二厘馆"设备十分简陋，以平房作店，木台木凳，供应糕点，茶价二厘（每角钱等于72厘）；招牌都是某某"茶话",顾客全是劳苦大众,既可供肩挑负贩者歇脚,也为街坊百姓聊天叙话提供了去处。光绪中期,开始出现茶居。茶居有楼但矮小,为表示比"二厘馆"高级、舒适,以招徕有闲阶层,因以"居"为名。茶居适应了当时的社会需求,自然兴旺起来,由于后起者亦多以"居"字名其店,广州至今仍有不少人称茶楼为"茶居",甚至后来的茶楼工会也自称"茶居工会"。以后,"二厘馆"逐步发展成为广州市三大饮食行业之一的粉面茶点业,而茶居则发展为现代的茶楼饼饵业。

清末广州开放为通商口岸之后,欧风东渐,原来四大名镇之一的佛山逐渐衰落,资金转移到了广州。佛山七堡乡人(现在的石湾地区)也纷纷来广州投资,经营茶楼业,遂有金(华)、利(南)、其(昌)、祥(珍)四家茶楼之兴。凡七堡人开设的茶居,均先购置地皮,占地较广,筑而为楼(三层),号为"茶楼"(当年广州未开马路,多为平房广厦,很少高楼,自此开始突破)。这些新建茶楼规模远远超过了"茶居",高楼又作为新鲜事物在当时的百姓中具有很强的吸引力,于是广州人把去茶楼品茗也叫作"上高楼",茶楼一时间家喻户晓。

茶楼地方通爽,空气清新,座位舒适,更兼水滚(沸)茶靓(好),食品精美,"一盅(茶)两件(点心)",所费无多。

由茶居"升格"为茶楼,本都是为人们提供一个闲暇时的消遣场所,但自辛亥革命以后,民国初年的工商各业日趋兴旺,茶楼已不是单纯的消费场所,而且成为各行各业买卖"斟盘"(洽谈)、互通信息的地方,往往在浅斟细酌的幽雅环境中,便能做成一笔笔大大小小的交易。

茶楼的选建及风格

茶楼选择地点的要求相当严格，其标准是：一、人烟稠密的商业区；二、靠近车站、码头的来往要道；三、靠近路口、街口或丁字路的交叉会合点；四、要有较大的店铺面积。只要符合上述要求，投资人便不惜重资高价购买，甚至采用拆、拼、重建的办法兴建。所以，不少茶楼用于置业的资金就占总资金的一半以上，余则用来装修、购置器物及用作流动资金。一家茶楼具有以上的条件，才可以在同行的激烈竞争中立足和发展。

茶楼的建筑，早期一般为三层。作为铺面部分的第一层要高（有高达7米的），使人们视觉上有宏大宽敞之感，同时也方便悬挂宣传招牌。如每年中秋佳节，每家茶楼都设有一块精工特制的月饼招牌。这块木制牌子雕刻全套古典人物、花鸟龙凤，并贴上真金，高2米多，宽1米余，簪花挂红，如果铺面没有宽敞的空间是不能挂上这块庞然大物的。二、三楼是客座，考虑到人多、烟雾多、声音嘈杂，楼层一般均达5米，并尽可能广开窗户，使空气流通。楼后院用作制饼工场和仓库。

茶楼的食品是即制即销的，而且还要保持"镬气"、温度，所以茶楼厨房的建筑也很特殊，一般建在二楼与三楼之间，使食品方便供应二、三楼的茶客。此外茶楼的下水道要比一般的深阔数倍，不少还备有隔油池，每距6~7米或转弯地方必设沙井，以便清理。

茶楼的装饰设计，以中国古典的装饰为多。间格多采用满洲窗，彩色玻璃图案或人物山水图，有的写上唐诗宋词或治家格言，有的画上二十四孝、桃园结义等图像。茶楼不论是方杉木楼或水泥钢筋结构，均不设天花板，而对格头上的横楣花檐，则十分讲究，用全木雕通花，饰以山水人物或动植物图案，精细的多贴以真金。由于茶楼规模不一，店主要求各异，刻工亦各有精粗，一些较精致的雕饰确是上好的工艺品。

茶楼楼梯的设计装饰也十分讲究。级距要适中，扶手多用坤甸木制或用全铜，级沿镶扁铜条，每天均由杂工打磨；墙壁、柱子、梯台的显眼地方，多悬挂诗画。

老茶楼的经营特色

茶楼对茶叶的质量非常重视，采办货物的人要有鉴别茶种的知识，不仅要懂得区分各种茶，而且还要懂得区分各种副品茶，包括青茶、茶骨，以及不发酵的、半发酵的和发酵的各种品类繁多的茶。所以每家茶楼几乎都有一名"较茶"师傅，把同类型的不同产地或不同价格的高、中、低档茶混合在一起，使之色、香、味全且耐冲泡，既迎合茶客要求，又降低了成本。

茶楼储存茶叶也十分讲究，特别是青茶要严防失味，所用盛茶器皿均用锡制品。而对普洱茶的储存更格外注意，因为这种茶越陈越好越值钱，据说存这种茶比把钱存入银行还要好。既然靓茶可以招徕茶客，因此广州的巧心、太如、莲香等老字号茶楼，存储普洱茶之多，往往可供六七年使用。

茶楼所用开水，最为紧要，是双重煲沸的。茶楼除设有专用的开水炉外，每个厅均设一个座炉，座炉多烧煤球，炉面用厚铁板盖上（中有孔如炉口大），可放四个大铜吊煲。"企堂"（服务员）在开水炉取水后，要再放在座炉上保温、加温。

茶楼"企堂"各有分工，分"茶炉"和"执盘"。"茶炉"是"企堂"中主管开水的，"执盘"是主管桌上食品的，还有杂工做清洁茶渣、擦铜吊煲等学徒式的工作。

六七十年前的茶楼，每张桌面上都放有食品如蜜饯糖果、饼食等，任由顾客吃多少算多少。"执盘"要负责在开市时把食品分派各台,顾客吃了多少要补充多少,收市要执拾回尾(做这些工作要用托盘,所以叫作"执盘")。此外桌上还放有小餐具,它们是用粗铁丝制成的长叉,是吃干蒸"烧卖"等用的。还有"茶洗"一个,因为每位客人各用一个茶盅,来客开位,"企堂"必先在茶洗内注入开水,让茶客自己将茶杯消毒。各台下还设有一个大茶渣盆,状如扁痰盂,有的茶渣盆在定造时还刻上本店的名字。"企堂"所用的铜吊煲带装水重达9斤,吊煲的煲嘴制成鸭嘴形,使出水如扇形,以减少冲击力,这样便不会飞溅。"企堂"工作时要手足眼耳脑并用,结账只用心算并高声报出,同时注意客人是否已经"找数"(付账)。

非内行人,不少以为茶楼的收款员多是老板的亲戚,事实上恰恰相反,因为收款员难当。在白银国有之前甚至之后,茶楼行业是以银两为本位的,每元等于七钱二分,"企堂"报数是两、钱、分、厘,顾客付款是用元、毫(角)、仙(铜板)以至铜钱。收款员起码得应付四五位"企堂",每当"企堂"报一声数,收款员要应四五声,并须在顾客付款时,立即换算成元、毫收款,还要注意每位客人谁应付多少,所以茶楼的收款员多是由柜尾杂工、帮柜逐步培训选拔的。由于收款多少无据可查,所以收款员又必须是诚实可靠、头脑灵活的人才能称职。当时茶楼有严格的规章,收款员身上不得带有半文钱、私人财物要公开存在账房;如发现有贪污行为就立即开除,情节严重的还在"协福堂"(行业会馆)挂名公布,那就永远没有茶楼再录用他了。

广州的茶楼行业在陈济棠主粤时期发展到顶峰。店号增多、食品改良,但经营管理仍坚持勤俭朴素,没有多少改变,整个行业保守性相当严重。1936年以后,茶楼行业与酒楼、粉面行业的差别逐渐消失,老式茶楼业受到冲击。广州沦陷后,茶楼业更没有多大的发展,至新中国成

立前茶楼同业公会的会员店号已下降至 50 余家。但随着社会发展形势
的需要，原来广州饮食行业中最大的两个自然行业——茶楼饼饵业和酒
楼茶室业之间的矛盾逐步消除，互许兼营，茶楼可兼做饭市筵席，酒楼
也可开设早午茶市，因此不少大茶楼开始改变经营方式，逐步向综合性
的饮食业发展，这便为新中国成立后广州全市各饮食行业成立统一的
"饮食同业公会"创造了条件。

蛇王满经营史

——

吴楫川

凡是到过广州的人，都知道广州有一个闻名遐迩的蛇餐馆。可是有多少人知道，蛇餐馆曾经有过一番曲折的经历呢。

蛇餐馆的创始人系广东南海县大沥乡荔庄村人，姓吴名满，又名玉堂，生于 1857 年 9 月，卒于 1950 年 9 月。

吴满在少年时，就开始以捕蛇采药为生，人称他为"蛇仔满"。捕捉的蛇初则出售民间，后销路日广，便带徒捕捉收集，并将蛇胆售给制三蛇胆的药店。邻近四乡捕蛇者日众，后在大沥圩，逢五、十的圩期里有蛇市集。到 1885 年 28 岁时，吴满在广州新基正中约开业，以"蛇王满"为店名。以后又在佛山汾流街开设蛇王满分店。

蛇王满在广州开业后，使广州、佛山的蛇胆制药行业更加蓬勃发展。蛇王满的蛇胆除了本身制蛇胆药及销售给一些群众补身治病之外，还供应制药厂商如保滋堂、集兰堂、两仪轩等制药。这几家店铺所生产的药品与蛇王满的相同，均畅销国内外。及后迁善堂、马百良、善德堂、百昌堂以三蛇胆为主制作复方盐蛇散、蛇胆追风丸等，亦远销国内外。加上蛇王满的伙计们在店里学得一些养蛇的管理技术,便自设店经营,或者为新蛇店充当师傅。在广州则有蛇王林、蛇王启、广杏林、广东蛇店、蛇王福等13间,在佛山亦有蛇王满、蛇王泗、蛇王怀、叶信和等四间,他们都是以卖蛇为主,兼制蛇胆药品和三蛇酒。

由于蛇业的发展,同业间展开了激烈的竞争。蛇王满总结推广他对蛇类管理的好经验,消除了混级的弊端,又保证原料投产的正确性,使质量比以前更稳定,大受制药业的欢迎。这样先声夺人,店誉更盛,蛇王满营业额占同业蛇类经营总金额的50%。随着业务的发展,蛇王满又增添了蛇餐。

当时还没有发明阉胆留蛇的技术,而是杀蛇取胆,蛇肉很少人食,多是废弃。吴满懂得蛇肉可食,还可治风湿病。因而对患有风湿病者与病后体弱者则鼓励他们食蛇肉,或教以加入小量肉类或一点药材切块熬汤。但很多人仍然不敢尝试。他就连带配料送给保滋堂药店职工食用,每食均有良好的效果。渐渐推广食法,拆去蛇骨,将净蛇肉加鸡、鸭等为配料炖食。后更进一步将蛇肉撕为肉丝,加入冬菇、木耳、冬笋、马蹄、陈皮、鸡、蚬鸭等脍羹,称为"三蛇羹",如加野狸则曰"龙虎凤会"。蛇肉含有钙、磷、蛋白、脂肪、糖和多种维生素,美味可口,属高级营养品。广州市各大酒家先后兴起"蛇羹",作为节令的传统名菜。各大商行冬季宴客,以食蛇最为珍贵。

及至1938年,日军进犯广州,广州沦陷的翌日,所有设蛇店的地方如新基正中约、清远路、同文路、联兴路一带(现在文化公园地址)均被焚,蛇店无一幸存。在佛山的蛇王满分店也在沦陷之日停业。

1939年,吴满拟在广州复业,但年已逾八十高龄,精力有限,故邀请往日的得力伙计吴楫川(笔者)共同合伙,重操蛇业,乃在浆栏路又挂上了"蛇王满"的招牌。继后亦有几家蛇店恢复营业。大家都在重振旗鼓，锐意经营，竞争日趋激烈。佛山"蛇王满"由其女吴桂荷继续经营。

当年冬季，广州各大酒家纷纷恢复营业，但名厨星散，蛇羹烹调失去原有风味。熟客都趋向蛇王满。当时蛇王满也只是应酬一些熟客"预约外卖"。这样经过几年，求食者日众。广杏林蛇店复业，原址在杉木栏，为了竞争也迁到浆栏路来。联春堂又异军突起，在浆栏路开业。他们均以全桌蛇宴为号召，每席分甲、乙、丙三级，即席宰三蛇胆，表示货真价实。同时各店又发展了多种蛇肉菜谱，炒、煎、焗、炆、炸等，胘蛇羹配料更多样化，山瑞、海狗、水鱼、鱼翅、鲍鱼、鱼肚之类，使蛇肉同这些珍贵食品相得益彰。

在浆栏路的三间蛇店，形成鼎足而立之势。蛇王满为了竞争取得优势，于1947年首先推出个人"蛇餐"。每份蛇羹一小锅、精美小菜一碟、蛇酒一杯、茶芥在内，只收一元，经济实惠，适合个人消费与食量，食蛇更普及。许多大酒家、菜馆门前挂起食蛇的广告，招徕顾客。笔者更标新立异，以"五蛇羹"为号召，在电台、影院开展"卖蛇始祖蛇王满，老手妙制五蛇羹"的宣传，致使蛇王满生意十分兴隆。

1956年实行公私合营。佛山的蛇王满分店并入联合制药厂。由于三蛇胆药品制作归口，因而生产更扩大了。广州的蛇店合并为永利威酒厂，只保留蛇王满经营蛇类、蛇羹及制三蛇胆成药。

蛇羹，已成为广州的著名食物。随着人民生活水平的提高，越来越多的人来店食蛇，从晚餐供应改为午、晚两市，增加了十多个蛇肉食谱，顾客来自全国各地，还有不少来自世界各地的国际友人、海外华侨、港澳同胞。如1957年最高苏维埃主席团主席伏罗希洛夫到我国访问，特地从北京来广州以吃上"龙虎斗"为快。1962年，蛇羹酒菜业务归口市饮食公司，仍沿用"蛇王满"字号。到"文革"乃改为"蛇餐馆"。

吴祖光、黄宗江与北京的老戏园子

——广和楼

———

小　青

　　五四以来，新文化特别是戏剧、电影界的成功者中间，一种有趣的现象值得注意：许多艺术家是"南人北相"。所谓南人北相者，就是祖籍在南方，却生于北方；或者幼年在南方，却成长于北方。具有南方人的文化遗传基因，而受到北方的风土环境影响。例如，戏剧家曹禺（祖籍湖北潜江）、吴祖光（祖籍江苏常州）、黄宗江（祖籍浙江温州），演员白杨（祖籍湖南汨罗）、舒绣文（祖籍安徽合肥）、新凤霞（祖籍江苏苏州）……都是典型的"南人北相"。鲁迅在经典名论《北人与南人》中指出："据我所见，北人的优点是厚重，南人的优点是机灵……相书上有一条说：'北人南相、南人北相者贵。'我看这并不是妄语……南人北相者，不消说是机灵而又能厚重。昔人这所谓'贵'，不过是当时的成功；在现在，那就是做成有益的事业了。这是中国人的一种小小的自新之路。"实际上，作为中国文化的代表——京剧艺术的形成与发展，就是从 1790 年乾隆时期"徽戏班进京"、1830 年道光时期"汉戏班进京"以后，主要由"南人北相"的几代艺术家们集体努力创新的结果。

吴祖光、黄宗江等戏剧界的大师，不仅是"南人北相"，而且从小受到京剧艺术的浓厚熏陶。他们跟北京最古老的戏园子之一——"广和楼"有着不解之缘。

广和楼的历史渊源

北京前门外肉市北口路东的"广和楼"，是一座有 300 多年历史的著名剧场，旧社会叫作"戏园子"。史载，我国都市中的"戏园子"（或称戏馆）最早出现于清代，在这以前都是露天的戏台或戏棚。它随着中国戏曲艺术的发展和城市经济文化的繁荣应运而生。清朝规定：内城禁止设立戏园，所以戏园子都在外城，以南城前门外最集中。一般是在茶园、酒楼或游乐场的戏棚子基础上修建。《藤阴杂记》载："京师戏馆，惟太平园、四宜园最久，其次则查家楼、月明楼，此康熙末年酒园也。查楼木榜尚存，改名广和；余皆改名，大约在前门左右。"清雍正五年（1727 年）因查嗣庭文字狱案，查家楼被朝廷没收后，归清廷内务府掌管，并向民间出租，几易其手，均以合股方式经营。改名"广和楼"当在此后。

戏园子在清朝初年是以茶座为主的，观剧只是作为茶客品茗聊天之余附送的一种娱乐。那时茶园子老板只卖茶座钱，没有"戏票"一说。戏园子里面的座席也是双排对放，舞台置于茶座一侧，茶客赏剧，要看向台上的话必须侧身斜视。从这座席的设置，也说明茶客消遣本来是品茗闲谈为主、赏剧为辅；而当时赏剧则是以听为主、以看为辅。到同治、光绪年间，京剧（当时叫作大戏）逐渐普及深入人心，人们进入戏园子慢慢地转成以赏剧为主、以饮茶为辅了。于是，茶楼——戏园子开始出售戏票。

清代《宸垣识略》中有关于查楼——广和戏园的记载："查楼在肉市，明巨室查氏所建戏楼，本朝为广和戏园。街口有小木坊，旧书查楼二字。乾隆庚子毁于火，今重建，书广和查楼。"1802 年日本《唐土名胜图会》中有"查楼旧景"，据最近专家考证并不可靠。

康熙皇帝嗜好戏曲，常到广和楼观剧，曾颁赐台联："日月灯，江海油，风雷（一作雪）鼓板，天地间一番戏场；尧舜生（一作旦），文武末，莽操丑净，古今来许多角色。"一时万口传诵。广和楼之名，亦因此大振文人墨客，纷纷题撰台联，有："一声占尽秋江月，万舞争开春树花"；"广乐震钧天，和声鸣盛世"等。民国之初，1912 年广和楼与"富连成"戏班签订长期合同，双方合作 20 多年，把京剧艺术推向又一个高潮。就在这样的历史背景下，少年时期的吴祖光、黄宗江，以及许多戏迷，经常出入于广和楼戏园。

吴祖光痴迷广和楼

吴祖光 1917 年生于北京东城小草场胡同的一个文官家庭。他在北京度过学生时代，抗战前夕（19 岁）才离京南下。父母来自江南，父亲是江苏常州人，母亲是浙江杭州人；因公务移居北京后，思想开明，倾向进步。他们的几个子女，都进入民主气氛浓烈的北京孔德学校（在东华门大街）读书。

1923 年，刚上小学的吴祖光第一次看京剧。父亲带他到一个叫"城南游艺园"的地方去。里头有耍杂技的，有变戏法的，也有唱京剧和其他地方戏的。小祖光跟着父亲走进剧场的时候，台上正在演出。过去的旧戏园子是可以随时随地出入的：开场时进去也可以，中场进去也可以，出入自由。剧场里头有卖花生、卖瓜子、卖糖果的小贩。观众可以喝茶、吃东西，还可以要热手巾擦脸；热手巾捆成一把，由茶房从这边扔到那边，然后接到手巾的茶房就可以分送给客人擦脸。

6岁的吴祖光跟着父亲走进戏园子的时候，台上正在演出《三岔口》一类的戏。小祖光一进剧场，立刻就被台上的两个演员吸引住了，他开心得哈哈大笑，笑到后来被父亲打了一巴掌，这才不笑了。这是吴祖光幼年看京剧的第一个印象，终生难忘。

20世纪30年代，北京前门外的"广和楼"闻名于世。当时每天都有日场演出"富连成"科班的京剧。中午12点钟开锣演戏，要演五个多小时，一般是演六七个折子戏。很少演成本大套的戏。剧场当时不对女宾开放，只有男人可以入场。观众主要是北京的市民、店员、工人、农民，再就是职员和学生。看戏不需要预先买票，而是进场在茶桌前坐下以后，茶房才来收钱，同时送来茶水。广和楼每天都坐满了观众。

1932年吴祖光在孔德学校初中毕业，升入高中一年级。15岁的吴祖光跟着班上的同学来到"广和楼"剧场，几乎每天中午以后都来看戏。他跟茶房们也都混熟了，任何时间进场，熟茶房都会给他找到座位。

"富连成"社（原名"喜连成"）是中国过去一个最大的京剧科班。这个科班的历史长达42年，先后培养出700多名演员，成为近几十年活跃在全国各地的京剧主力队伍。像梅兰芳和周信芳、林树森、贯大元等，都是在"富连成"搭过班的。观众所熟悉的演员如侯喜瑞、雷喜福、马连良、于连泉（筱翠花）、谭富英、马富禄、叶盛章、叶盛兰、高盛麟、裘盛戎、袁世海、毛世来、黄元庆、谭元寿、冀韵兰……以及所有用"喜、连、富、盛、世、元、韵"的排行作为艺名的京剧演员，全是这个科班历届培养出来的学生。吴祖光少年时期就与"富连成"的一些演员（当时尚未成名）交上了好朋友。这为他后来创作《风雪夜归人》和《闯江湖》等名剧，提供了丰富多彩的活生生的素材。

广和楼的捧角家

当时"广和楼"戏园子的大门破旧、甬道狭窄，建筑是老式的砖木结构。戏园子外面的小院里排列着卖零食的小贩，吃食摊上摆满了馄饨、烧饼、羊爆肚、豆腐脑、牛奶酪、卤煮小肠，这里的风味小吃都是祖传的名牌……吃食摊旁边就是一个小便池。

吴祖光先生回忆说：从今天的目光看来，广和楼戏园子设备是很简陋的。戏台伸出在剧场里，左右两边各有一根大柱子，观众最怕坐在柱子挡住视线的地方，管这种座位叫"吃柱子"。两边的窗户全是纸糊的，冬天全给糊上，夏天把纸撕掉。地上是高低不平坑坑洼洼的碎砖。楼上是地板，上面尽是窟窿。

戏园里座位的分布和当时其他的一些戏园大致差不多，譬如楼下正面叫"池子"，两边叫"两廊"，戏台左右的两小块地方叫"小池子"。楼上是散座，座位都是木头板凳，后面的板凳很高，得跳起来才能坐上去。跟现在剧场不同的是楼下池子的座位，是直摆的方桌和长条桌，两边摆着长板凳；桌上摆了茶壶、茶杯，还有一盘一盘的花生、瓜子、糖果。观众是去坐茶馆，同时看戏的。泡茶的伙计可以穿来穿去给你倒茶，也有伙计送热手巾来给你擦脸。在这里边吃边喝边聊天，台上的演员（当时俗称戏子）同时就在那儿演戏。

当时吴祖光还是十四五岁的英俊少年。整整有一年时间，他上午到孔德学校上课，下午就逃学，到剧场里看戏。吴祖光是走读生，每天中午要回家吃饭，吃完饭背上书包说是去上学，实际上不到学校，而是溜到广和楼去了。这事情还必须瞒着父母亲，否则是没法交代的。

梅兰芳在《广和楼旧景》里提到这个剧场一种特殊的座位：

"在靠近戏台上下场的地方有后楼，名叫'倒官座'。在这里只能看到演员的背面。因此这个地方票价虽廉而观众并不十分欢迎，大半拿来应付一般客票和前后台亲属关系人……"

这种座位，是只能看到演员背影的，所以应该写作"倒观"。少年时期的吴祖光正是这"倒观座"的忠实观众。他每天下午溜达着去看戏，不是去白看的，要买票。那时，吴祖光又不能告诉父母说去看戏，父母不会给他买票的钱，他只能拿吃早点的那一点钱节省下来买票，因此只能买最便宜的"倒观座"的票。吴祖光和几个每天同来看戏的学友一起，日子长了反而特别喜欢这个"倒观座"。因为他已经跟一些演员混熟了，坐在"倒观座"，在台上演员们偶尔回过身来时，可以悄悄地打个招呼。另外，这"倒观座"的木板墙有许多裂缝，扒在墙缝上可以看见后台。吴祖光说："看戏看到相当的程度，会对后台的兴趣胜过前台，会对演员本身感情胜过他扮演的角色的感情的。"但是扒墙缝的结果曾给吴祖光留下一个很沉重的回忆：有一次一个扮演丑角的小演员在台上出了错，似乎是忘了词或是把家伙掉在台上了。下场时，师傅已经守在下场门，气势汹汹，狠狠地迎头便打，那孩子忍住不敢哭出声，但是眼泪却不断地流下来。场上锣鼓还在响着，小丑必须马上出场，匆匆地擦去眼泪，虽然还在抽噎着，却做出满脸笑容又从上场门出台去了。

1933 年吴祖光 16 岁的时候，有一天他约了他的好友、在富连成科班尚未出师的袁世海一起，到前门外大栅栏的容丰照相馆去拍一张戏照。他们俩拍的是《两将军——夜战马超》。袁世海扮张飞，吴祖光扮马超。袁世海自己对着镜子勾花脸，他带来的一位师傅给吴祖光化妆。两人都穿短打衣裤。亮相功架很好看，照出相片也透着精神，人人看了夸奖。

这一段时间，吴祖光先后看了 100 多出京剧折子戏，对于中国传统表演艺术有了较深的了解。中学时代的吴祖光在《韵石社刊》戏笔写过一批为艺人捧场的短评，1935 年在林语堂主编的《宇宙风》上发表了自认为"真正最早的一篇文章"：《广和楼的捧角家》。他成了一个热心的戏迷，后来更成了够格的票友。这种经历，为他终身从事戏剧事业奠定了扎实的基础。

襁褓中的黄宗江钟情广和楼

黄宗江 1921 年生于北京西单牌楼下，是黄门长子。他的父亲在清末留学日本归国，列入最后一科"洋翰林"；此后在北京市电话局任工程师，同时在大学兼教授。家庭充满新派自由自在的温馨气氛。

黄家原籍温州，乃是宋元南戏的发源地；所以黄门对于戏曲丝竹管弦生来就有一种"乡音"之感，聆听之如游子思乡。父亲酷爱京剧，每到周末就携妻带子到广和楼戏园和吉祥剧场等处观剧；家道盛时，坐的是包厢。20 世纪 20 年代中，只见一溜儿"洋车"从西城黄府门前出发，车上载着老爷太太、大少爷黄宗江、二少爷黄宗淮、三少爷黄宗洛、三小姐黄宗英、四少爷黄宗汉（随着年月依次出生，就一个又一个地陆续加入这支戏迷的队伍），浩浩荡荡直奔前门肉市广和楼戏园而去。

黄门子弟从襁褓之中就陪同戏迷父母观剧。若问黄宗江作为京剧观众的"观龄"有多少年，他必莞尔一笑答道："与贱庚同年。"或者："从妈妈怀抱里开始。"他清楚地记得，坐在广和楼条凳上，侧身冲着舞台看戏，听见爸爸高声叫好。后来梅兰芳曾对他说："您是咱们的老观众了！"的确，黄宗江幼时曾经由老爷子带着见过京剧前辈陈德霖、王长林、龚云甫、钱金福……听老人们说他们都陪谭鑫培谭老板唱过；一位位是那么有功夫，他越看越崇拜。由戏迷而终成票友，老前辈周信芳等伸出大拇指夸奖他道："你是真见过（世面）的！"

黄宗江回忆说："在这旧京最古老的戏园里，我只是一个小客人。我记事的时候，它已经不是最高等的剧院。我记得我去过也见过很多，记得一些条凳，记得只有柱子没有屋顶，天上的风云常会影响了台上的风云。广和楼的舞台类似神庙建筑，台作正方形，台上天花板正中有一个八卦……连楼上两旁男女分座的条凳，也都遗留有近古之风。"

当时广和楼门扉上面有两联大金字："广歌盛世，和舞升平"，这是藏头联。戏台的柱联是："学君臣、学父子、学夫妇、学朋友，汇千古忠孝节义，重重演来，漫道逢场作戏；或富贵、或贫贱、或喜怒、或哀乐，将一时离合悲欢，细细看去，管教拍案惊奇。"这些，都依稀浮现在早年黄宗江的朦胧梦境里。

还没开锣的时候，黄宗江坐在广和楼前面的馄饨摊上，痴痴望着"富连成"戏班（世字辈）的师兄弟们，一码的秃脑袋壳儿；夏天穿着竹布衫子，春秋穿着蓝布大褂，冬天穿着灰布棉袍、小坎肩，列队走向后台……到散场后，他又等着看"富连成"的孩子们下了戏装排着队走出来，还是一码的秃脑袋，目不斜视。戏班的规矩是不准许跟外头人说话的。忽然发现那小花旦，低着光头，抿着嘴自个儿偷偷地乐……

1932 年因父亲调动工作而举家迁居青岛，当时黄宗江仅 11 岁。年纪太小，对于广和楼印象不会太深。1934 年父亲去世，黄宗江又回北平，在著名的崇德学校念了一年初中三年级；次年夏天考入天津南开高中。他回忆说："一度我的家离开了北平，再回来的时候，我已经到了能够独自追寻浪漫的年龄。这广和楼是我最留恋的一个所在，因为这里有戏，更有人。"

少年黄宗江留恋广和楼

1934—1935 年，已经是"洋学生"的黄宗江重返北平，依然迷恋这"土气"得掉渣儿的广和楼。

每逢星期天、节假日，早晨十来点钟，黄宗江就走进广和楼戏园。看见那过道墙壁上成年贴着红纸金字的海报，没有戏名，只有一串科班学生的名字，下面是"准演吉祥新戏"。过了走廊，走进第二道门口，迎面只见摆开了当天"大轴戏"即主要剧目的道具（内行叫作砌末），这是老规矩。清代戏园子唱戏不贴剧目海报，就在门口陈设几件"砌末"，懂行的观众一看就知道今天上演什么戏。如果上演《群英会》，就摆开三国众英雄的刀枪剑戟、设立大帐；如果上演《马思远》，门口就摆个木头驴子；《艳阳楼》摆个石锁、《恶虎村》摆酒坛子和兵器、《连环套》摆双钩、《碰碑》摆个碑、《御碑亭》摆个亭子等。这是很吸引观众的宣传手段，是"实物广告"。

再要向前走过一个院子，才到了演剧的场所。黄宗江思戏如渴，来得太早，戏园子里面还是空空如也。他就吩咐看座儿的（剧场服务员）给留个好座位。看座儿的热情地应声说："您放心，您就交给我啦！今儿个，世来的《思凡》，头末儿贴！"所谓头末儿贴，就是说这出戏首场公演；看戏就要争看这头一回。那时候正是"世"字辈的著名旦角"小筱翠花"毛世来、"小梅兰芳"李世芳火红火爆盛极一时，许多观众专为他们而来！黄宗江曾开玩笑说："我也是世字科的。我和世芳、世来同岁，都属鸡，民国十年生人。祖光兄是盛字科的，他同刘盛连情同手足。如我当年下海坐科，今天我就不是黄宗江，而是黄世江啦！"但这时候黄、吴两位还没有相识，因为吴在"倒观座"，黄在正厅。

且说，到开场的时间还早着呢。黄宗江出了戏园子，下了个"小馆儿"（在他所喜好的小饭铺吃些点心），溜溜达达这就可以进场看戏了。看座儿的满面笑容伺候他来到预订的好座位，顺手给他铺上一个蓝布垫子。这时戏园子已经有了改革。原先竖着排列的长木凳，已然改成横着排列的长椅子，看客不必侧过身子歪着脑袋观剧了。入座以后，黄宗江按规矩掏出自己随身带来的好茶叶。这才是戏迷看客的本色。看座儿的给他沏了壶茶送来，把包茶叶的纸（有茶叶店的招牌）套在茶壶嘴上，这是个讲究。最后看座儿的递给他一张黄纸条，就是戏单。

开场多半是小武戏。科里最年幼的孩子，穿蟒扎靠，吹胡子瞪眼，煞有介事。中轴压轴多半是青衣花旦戏。世芳、世来一出场，戏迷们捧得特欢，唱到何处叫好，观众熟知。然后，卖戏单的过来兜售，手里另外拿了一张纸条，讨好地递送给熟主顾们看，上有明天的戏码，是里面刚传出来的。

大轴子常是大师兄们的大武戏。在这个台上，如同在自己家里，如鱼得水，比他们在别的舞台演唱，显得够味得多！

唢呐一吹，曲终人散，两个小古人走上台匆匆向观众作揖："送客道平安"，而无所谓现代的"谢幕"。

散场了，黄宗江喜欢坐在门口的馄饨摊上，目送着熟识的富连成戏班的秃头蓝布大褂的队伍走过，走远……那馄饨真是世界上最好吃的一种。再过去是卖灌肠的、卖羊头肉的……再过去是厕所。你若想跟那卖馄饨的攀谈，他必有几车子学问；你若不想跟他说话，他也绝不打扰你，默默地瞧着屋檐上的砖，大清朝的砖。算了，付了钱就走吧！何必把前世纪温情的落寞，带入古茶楼外面的喧嚣闹市。

青年黄宗江重临广和楼

1938 年夏天，黄宗江 17 岁时考取北平燕京大学外国文学系，直到 1940 年 12 月离开燕京只身南下上海。这几年间，他又能重临广和楼戏园子。他写道："一别三载，我又旧地重临，古茶楼是不会也不肯变得太多的。但是人都变了。富连成戏班跟广和楼不再签约，挪了老窝，中华戏曲学校（焦菊隐主办的）在那里唱。从前只是偶尔有几个女客来，现在的中间几排，常常坐着三五成群的女学生了……散场后，我仍坐在馄饨摊旁，仍是世界上最好吃的馄饨，仍是那可以说话可以不说话的人在掌勺。不过有人说那馄饨今非昔比了，自从厕所拆除以后。"

一直到半个世纪以后，从心所欲不逾矩的黄宗江老人，还是津津乐道地回味当年的情景说："过去了，都过去了。再不见穿蓝布大褂的小秃子队伍（富连成学徒）。梳小分头穿黑制服的（中华戏曲学校）学生，陆陆续续三五散去。穿着花布棉袄的胖姑娘伴着老太太走出来。一位好像记者模样的人过去和老太太攀谈，大概是要相片，姑娘径自坐洋车走了。后来姑娘到了上海，就换下花布棉袄，穿上丝绒旗袍……"

我问黄宗江老人："这位胖姑娘是谁呢？"答道："就是后来（20世纪80年代）曹禺的夫人李玉茹。"

黄宗江在半个世纪前就感叹道：过去了，都曾在这馄饨摊旁过去了！梅兰芳在"富连成"做过走读生；喜字科的大师兄们凑合了一个"老人班"，世字科的孩子们都已经在上海换了西服革履出入舞厅……有多少成为红极一时的大腕明星，有多少沦为默默无闻的布衣草民。不用花十年，就能领悟戏园子到大剧场的沧桑。然而做一个戏迷、戏痴，也真是过瘾！

老人最后强调说：要一代一代地下功夫培养戏迷精神。不仅要培养戏迷观众，更要培养戏迷演员、戏迷编导、戏迷当家人。上下以求索，九死而不悔。万事不痴迷便不能成事、成大业……千方百计地培养戏迷种子，京剧才能千年万载！

闲话扇子与老北京扇画店

潘治武

　　有关扇子的种种传说在民间流传已久，在许多古典小说和戏剧曲目中，扇子有时也引出脍炙人口的故事。如蓬莱八仙中汉钟离的倒葫芦形大扇；《西游记》中孙大圣三盗芭蕉扇；《济公传》中癫僧手持的一把破扇也是佛门法宝；旧剧中由于以扇定情，而取名的《桃花扇》；诸葛孔明的"羽扇纶巾"更成为一代英才、足智多谋的形象典范……

　　根据不同的使用对象，扇子分为高中档和中低档两类。高中档的扇子品种繁多，如豪门仕女用的团扇（因用丝织也称纨扇），扇把用象牙或驼骨为料精制，扇边为竹外裱以彩绫，扇的两面或丝绣花卉、诗词，或原为素面，再邀请名人作画题词；也有一种老人喜爱的雕翎扇，中骨为象牙制作的十字柄，上扎一排雕翎羽毛，酷似戏剧中诸葛亮手持的羽扇。不过，使用最为广泛的还是纸折扇，其普及盛行则始自明清。

　　新中国成立前在北京经营高档折扇的多系江浙一带客商，历年春末携货来京，多集聚在前门外廊坊头条一带。他们带来的高档折扇扇骨原料多为湘妃竹、凤眼竹和净面清竹，也有少量坤用三十骨的象牙折扇、檀香木扇、黄杨木骨扇、乌木骨扇。竹骨扇轴分平轴、圆轴、菱形轴等，轴心必以白牛角为料，以水烫工序烫轴；优质扇骨必配以精致的扇面、江浙产的扇窗是以南宣纸（称南矾）为料，最普通的是南矾素面（两面皆白），而优质的扇面则以南宣纸为胎，正面裱以素绢供画；背面以全泥金、洒金面供书。另有大型三十骨两面泥金彩绘女折扇，专供京剧演出做道具用。当时江浙一带生产扇骨、扇面的众多厂家作坊中，以杭州舒莲记等户久享盛名。

江浙客商来京后，陆续将货物售出即返回原籍，历年如此。就北京而言，廊坊头条文盛斋宫灯铺、琉璃厂内南纸店、梅兰芳的琴师徐兰沅经营的竹兰轩胡琴铺，也直接由江浙一带采购竹料扇骨和各式苏杭雅扇经销。

光顾江浙产高档扇骨或成品折扇的，多系当朝权贵、清末遗老遗少、辛亥后的军政官僚、豪绅富贾、文人墨客。他们购得优质扇骨后，常以当代镌刻名家所刻山水、人物、花卉、虫鱼为边骨一面，另一边刻有真草隶篆诗词。这类扇骨实为工艺珍品，而扇面的正背两面则更为考究。有许多家藏珍品，包括明代以来唐寅的画扇、祝枝山的草书扇面、董其昌的画面等，近代则有吴昌硕、齐白石、张大千、黄宾虹、溥心畬等名家画的山水、人物、怪石、虫鱼的画扇，还有张润庠、刘春霖、潘龄皋、陈云诰、张海若、张伯英等名士的书扇。辛亥以来，由于京剧的兴旺普及，扇之两面画有京剧教育家翁偶虹先生所绘京剧脸谱，则更为时人所好。优质折扇的主人如能获得名家墨宝，得在人情交往场合炫耀此扇，莫不引以为荣。因之，以名家书画为扇面的雅扇，成为文人手中宠物，并被人们视为高超的工艺精品而欣赏珍藏。此类折扇即使历经年久扇面破损，其主人也要请高超的裱画老技师将扇面揭下裱成横幅书画轴或镜心，饰以玻璃木框悬于室中。

老北京人都知道这样一句话："立了夏，把扇架；立了秋，把扇丢。"新中国成立前，在北京崇外东打磨厂一带有十几户专门经营纸折扇和年画的扇画店，多以普通劳动者及作坊主等为主顾。每到夏初时节，广大市民用以消暑的扇子陆续上市，几家经营帽业的商户如东北魁、田老泉等字号，以及分布在全城经营蚊帐、雨伞、凉席的夏货庄，也纷纷兼营起扇子。臂挎粘扇子小柜（上挂多串铜铃为幌子）的手工艺人也出现在街头巷尾，为换扇面、烫扇轴的市民上门收活儿。在诸多的商户中，规模最大的首推"戴连增扇画店"（经理韩凌云），年代较远的是"文成堂"，其他规模较大的店铺有福润斋、玉华斋、三义斋、双义厚等家。这些店铺都是前店后厂的手工作坊，以批发为主兼营门市零售，同业中称为"坐庄"。各户在每年入冬后即派采购员去南方采购竹扇骨和扇面，所进竹扇骨多为中低档，但其边骨和小骨共十二骨也必以竹皮制成；同时也购进少量湘妃竹、凤眼竹等高档扇骨和棕骨黑面并彩绘梁山一百单八将的折扇，供顾客选用。购进的扇面多为南宣纸的素扇面，扇面原料用几层宣纸裱糊就称作"几层宣"，最薄的是三层宣，最厚的六层宣。扇画店也把部分素扇面发给喜爱笔墨丹青的潦倒文人、失业教师、穷苦市民画上几笔梅、兰、竹、菊，或无非是小桥流水人家的画面，店铺称此为"发活"，画者称"画活"。画者虽数日间要赶画百张扇面，但仅得几角钱的极微报酬聊以糊口。

随着扇子销路的扩大和增长，人工画扇面逐渐不敷供应，遂被印制彩色扇面取代。其内容仍以梅兰竹菊、山水人物为主，但结合京剧、秦腔戏剧的兴旺普及，所印扇面中忠孝节义戏剧题材的也不少，如八义图、潞安州、三娘教子、渭水河等。以后，又大量印制了武侠小说中的武打戏出，如花蝴蝶、落马湖、鸳鸯楼、白水滩等。

扇面经过店铺发出画活或彩印，伙计与学徒要将扇骨和扇面加工为成品。加工时先将扇面下端切齐，用竹拨子（细竹片扦子）在扇面折叠处一个个捅开，把扇小骨一一插入，扇面的两边用胶水粘在扇骨大边上，用纸条插入扇面中缝内，转圈封住，这样就制成了一把成品扇。人们购得画扇，往往要在扇的背面（素面）请邻居友人简单题上几个字，如有的写"精气神"三字，有的写百字铭"欲寡精神爽，思多血气衰，少杯不乱性，忍气免伤财……"，也有的写句谐语"扇子有风，拿在手中，有人来借，等到立冬"等，据个人喜好自定。

扇画店还制作少量大型折扇，扇骨长约一尺五寸，扇面撑开约二尺，正面画山水，背面题字。这类扇专供各剧种戏班做道具用，如京剧《除三害》中的周处、《艳阳楼》中的高登等，都在出场时撑开大扇亮相。此外，店内还自制一把撑开约三尺的大扇，店铺在门前房檐上钉一铁钩，系一红线绳，中间挂此大扇，扇下端的红线绳拴在地面的铁钩上，这把大扇即为本店（行业）的幌子，作招牌起宣传的作用。

为适应社会上广大下层劳动人民的需要，店铺也在本地购进高丽纸自行加工糊成低质扇面，配以竹芯料做的扇骨，制成售价低廉的扇子。这些中低档折扇的销路极广，近销京郊区县，远及河北、山西、内蒙古各地。每年自农历三月初三前后到夏至节前，是店内批发折扇的旺季，各地客商、小贩陆续来京购货，运回原地应时零售。新中国成立后，经营优质折扇、团扇业务已并入工艺美术商店，一般民用折扇，以及羽毛扇、芭蕉叶扇、蒲草扇则并入日用杂品商店经营。

今天，随着人民生活水平逐步提高，千家万户已渐渐地购用电扇、空调消暑，纸折扇（包括团扇、羽毛扇）已失去优势，昔日在老北京经营纸折扇的行业在历史上也逐步销声匿迹了。

旧北京的硬木家具业

———

吴国洋

新中国成立前，北京龙须沟、金鱼池一带是贫苦劳动人民的聚居地，晓市大街（亦称东大市）是有名的夜市（亦称鬼市），每天拂晓前整条大街都是摆摊售货的市场，晓市大街的街名即来源于此。在夜市上，百货杂品、新旧家具、经济小吃等摊点一个挨着一个，而最引人注目的是出卖劳动力的"人市"。那些由于年荒战乱在农村难以维持生计的农民流入北京城，就在这里出卖廉价劳动力赖以糊口度日。在"人市"上，专门为人运送木器家具的"扛肩儿"（也称"弯脖儿"），走街串户叫喊"修理桌椅板凳"的"喝街"，还有瓦工、小工以及专门为人婚丧嫁娶的帮工，大清早就聚集在这里等待雇主。"人市"附近有一座供奉木匠祖师爷鲁班的庙宇，香火甚盛，当地人称为"鲁班馆"。在鲁班馆的周围有大大小小几十家木器作坊和店铺，这里集中了北京城内一大批木匠师傅和技艺超群的工匠。在这些木器作坊中知名的有"同兴和"硬木家具店、"广兴"桌椅铺、"义盛"桌椅铺和"祥聚兴"桌椅铺等，其中最有名的要算"龙顺成"桌椅铺。

龙顺成桌椅铺，原名"龙顺"，始业于清光绪初年，铺址坐落在龙须沟、金鱼池北侧，正面临晓市大街。龙顺的原掌柜姓王，他自东自掌，主要制作家具。光绪二十六年（1900 年）龙顺改换东家，为吴侯氏和付佩卿，于是店铺改号为"龙顺成"桌椅铺。他们扩大店铺，将龙顺成改为前店后厂，前店门脸 5 间，纵深 4 间，约 200 平方米，作坊 20 余间，共约 400 平方米，主要制作和经营仿明式榆木大漆家具。由于龙顺成的产品造型美观大方，制作工艺精良，质量坚固耐用，油漆光亮延年，因而在北京木器家具行业负有盛名。一般中产阶级家庭的摆设、闺女出阁的嫁妆、饭庄店堂的家具，都认准了要买龙顺成的产品。那时的产品虽无商标，但都有暗记，即在白茬儿活制成后，将"龙顺成"字样写在家具腿部的看面或较明显易见之处，暗处还标有操作者的姓名和代号，并漆在漆内永不脱落，一旦出现质量问题，可以追究制作者的责任。

这里的工人和学徒多则达 80 人，少则 20 多人，大都来自河北省南部深县、武邑、武强、饶阳、南宫、冀县、枣强、衡水一带。由于这一带风沙弥漫，土地盐碱贫瘠，灾情不断，人民生活困苦，大人们为了让孩子活命，托亲靠友把孩子带来北京，找个地方学点手艺。学徒年龄大都在 12 岁至 14 岁，外出告别父老时，一般都磕头拜别。学徒进作坊，一要有引荐人，二要有铺保（有店铺作坊作保），三要立字据，主要内容是病死逃跑等一切与本店无关，不遵守铺规随时可以辞退。铺规概括起来可叫"五要""七不准"。

五要是：一要遵守铺规；二要尊敬长辈；三要听从长辈的训导；四要手脚勤快；五要出大力干活。

七不准是：一不准手脚不干净（指盗窃贪污）；二不准打架骂人；三是长辈训斥打骂，不准还手还口；四是工余时间，未经许可不准外出；五是出师前不准回家省亲；六是出师前不准成家结婚；七是不准损坏柜上的物品器具。

进柜学徒，期限为三年零一节，一年分三节，即端阳节、中秋节和年节，每节约四个月。学徒期间，柜上只管吃饭，衣着自理，不挣分文，逢年过节掌柜的馈赠每个学徒一个红纸包，里面包有块儿八毛的，只能够买一双便鞋或一把斧头。学徒每年只能休息七八天，即端阳节1天，中秋节1天，年节6天。店铺逢农历年三十收工，正月初六开市大吉。开市这一天，早起要放鞭炮，柜台上供上"财神爷"，门口贴上红对联，无非是"买卖兴隆通四海，财源茂盛达三江"，横批是"吉星高照"等，以表达他们想发财的愿望。初六即开始干活，这一带作坊有赖七不赖八的说法，也就是说初七这一天还可以马马虎虎干一天轻省活，个别人还可以歇一天工，初八就万万不能了。

学徒的生活十分困苦，他们衣着褴褛，夏不能遮体，冬不能避寒，穿了一冬的破棉衣，过了五月节，把其中的棉絮掏出来，又当单衣穿，所以大家常开玩笑说自己穿的是"过节"衣裳。一年三百六十日，匠人们吃的是窝窝头、大咸菜和市上过时的烂青菜。他们编了顺口溜儿来形容他们的生活："菠菜锈了穗，来到东晓市，这里再不要，就往臭沟倒。""初二、十六，木匠吃肉"，说是木匠祖师爷鲁班留下来的规矩，"犒劳"当木匠的，可匠人和学徒根本吃不上。他们讥讽这"犒劳"是"初二、十六，木匠吃肉，每人四两，二八折扣。掌柜要吃饱，先生要吃够，师傅喝口汤，学徒挨顿揍"，借喻师傅吃不上肉，有气无处撒，只好打徒弟出气。

龙顺成实行掌柜（经理、老板）是一店之主的家长制，工头师兄负责制。全柜的一切对内对外的事务，掌柜的一人说了算，东家对店内的生产经营不过问、不干涉，只等年终结算分红。掌柜的成绩大小，视赚钱多少为准，但东家有权抽回资金。至于更易掌柜，则是罕见的事情了。柜上人员的多少，视经营情况而定，多达百八十人，少可一二十人。柜内设账房一处，负责对内对外事务的处理；设先生一名，管理财务事项，也是掌柜的帮办；前店有职员两三名，负责售货业务，应酬顾客；工头负责购买、管理木材。办事人员虽不多，但办事效率很高，管理上往往能做到有条不紊。

作坊的生产是由技艺全面、经验丰富，具有一定管理办事能力的工头负责，同时还要领班干活，完成柜上的各项任务。干活的操作者分外聘师傅和本柜徒弟（本柜徒弟出师后对外称师傅，对内称本柜徒弟）。外聘师傅由工头管理，本柜徒弟由师兄管理师弟，分大师兄、二师兄等，不管年龄，不论铺保和介绍人的身份，最早来本柜的为大师兄，以此类推。师兄负责师弟的技术培训，师弟的技术高低、干活质量优劣都由师兄负责，师弟要无条件地听从师兄的训导甚至打骂。工头、师兄、师弟，各负其责，各有其事，这样就形成了一套人员和技术管理的体制。

匠人们干的是繁重的手工活，拂晓掌灯即起，天黑了还要挑灯夜战，每天要干活12个小时以上。他们要弓着背锯木料，弯着腰刮刨子。木材的风干、码垛，成品、半成品的搬运，都是工人们手抬肩扛拼着命来干的，稍有不顺掌柜之意或者承受不了沉重的劳动，便会遭到掌柜的打骂。匠人有句话来形容当时的生活，"想死见阎王，学徒当木匠"。师傅、师兄、师弟一个样，完不成工眼（定额）不能收工，干上一个月挣上几个钱，顾上穿衣，顾不上养家，并且还时刻面临着被辞退的危险。生活的煎熬，过度的劳累，使工匠未老先衰，三十来岁的小伙子，看起来就像年过半百的小老头。匠人的这种生活一直延续到解放。

在晓市大街及磁器口附近除了"龙顺成"桌椅铺以外，还有"同兴和"硬木家具店，店址在晓市大街路南。同兴和始业于清道光十五年（1835 年），以制作马鞍、返购修理、经营硬木家具为主，掌柜的姓程，有"小鞍程"之称。此店原本规模一般，但由于清末返购某官吏的家具什物，运回以后发现家具箱柜内部全部为金银财宝、首饰古玩等贵重物品，因此一举而发家致富。后来，军阀吴佩孚在京津安家多处，所用家具摆设又都由该号负责供给，作价随意计算，因此又发了一笔大财。于是，程掌柜又开设了"同茂增""同茂祥""同升和"等五金行、南纸店和古玩店，并在奉天（今沈阳）开设了"同兴和"硬木家具分号，生意颇为兴隆。此外，旧北京的家具店还有以仿制清代紫檀家具而著名的"兴隆"桌椅铺，以仿制明代家具而称著的"义盛"桌椅铺，以及以制作、改制、收售硬木家具为业的"祥聚兴""长顺德""同兴德"等店铺 30 余家。

硬木家具在我国有着悠久的历史。明代的北京就有"御用监"所属的"佛作""油漆作"等作坊，专做宫廷家具。及至清代设有"造办处"，专门制作硬木家具及各种宫廷用具，并且在工艺和技术水平上也有了新的突破。旧北京的硬木家具业，继承和发展了明式硬木家具的艺术特点，逐渐形成了自己独特的工艺和风格，因此在国内外享有"京做"之称。上海、苏州和广州一带制作的硬木家具则分别称为"沪做""苏做"和"广做"。

"京做"硬木家具种类繁多。桌类有八仙桌、棋盘桌、牌桌、琴桌、书桌、供桌等 20 多种；椅凳类有靠背椅（亦称灯挂椅）、圈椅、太师椅、花篮椅、玫瑰椅、轿椅、古牌凳、绣墩凳、扇形凳等，名目繁多；柜格类有方脚柜、圆脚柜、万历柜、闷葫芦柜、银柜、首饰柜、多宝格、博古格、万历格、亮格等，夺人眼目；另外，几案类有翘头案、画案、书案、茶几、香几、套几等，竞相争奇；台架类有上马式高低花台、多角花台、扇状花台、多宝架、博古架、书架等，颇具匠心；床箱屏风衣镜类有罗汉床、美人床、墩箱、轿箱、首饰盒、果盒、迎门屏风、落地屏、穿衣镜、跟头镜等，更是各放异彩，令人赞叹。

"京做"硬木家具不仅造型严谨、典雅大方，家具的整体与各个部位之间的比例也都考虑得周到。如椅子的靠背及扶手的曲度、斜度都是根据人体的脊部和两臂的曲度而设计，柜橱的高度、进深适应一般人的体高，取放物方便，举目可望。值得称道的是，"京做"硬木家具的各种枨子、牙条、卷口式样繁多，线角亦多种多样变化无穷。家具面部的主要看面有素平面、素浑面、落膛心面，后两种可装配磁片、理石板、景泰蓝、台湾草席等，侧面部位可装饰各形线角，更添加家具的美感；家具的腿脚形状不一，有圆腿、里方外圆腿、里弯腿，脚部有回纹马蹄脚、龙爪脚、虎爪脚、"如意"脚等，为家具增色；用于家具的铜饰件，形状多样，大小适宜，既满足家具本身的功能要求，又起到了装饰作用，如装用铜脚，可防腐蚀木材，移动不易开裂，又呈光亮美观，至于合页、面页、扭头、吊牌等铜饰，做工精细，图案秀丽，具有浓厚的民族色彩，少数精美家具配用的白铜、镏金、镀银或景泰蓝饰件，更使家具整体显得富丽堂皇。此外，"京做"硬木家具配有雕刻，部位恰当，繁简适宜，图案高雅。其题材多选自传统的喜庆吉祥之意，如龙凤呈祥、万代如意、二龙戏珠、喜鹊登梅、五蝠捧寿等，均显示出艺人们的卓越技艺。

全国解放后，北京的硬木家具业发生了新的变化。1956年，30多家木器店铺参加了公私合营，1月21日正式合并建厂。由于龙顺成桌椅铺人员多、资金厚、名声大、信誉高，所以厂名定为"龙顺成木器厂"。当时，厂部设在同兴和硬木家具店原址，加工生产车间则分散在晓市大街和磁器口一带的十多条街巷内。并厂后的200余名职工中，聚集着北京市木工行业中的能工巧匠，他们在这里大显身手，施展技艺。

　　1959 年秋，龙顺成木器厂合并到北京市木材厂，1963 年又搬迁到永定门外大街的新厂址，组成从事生产和维修硬木家具的专门厂家，厂名改为"北京硬木家具厂"。如今，厂内有职工 400 多人，外加工点职工千余人，且盖起了生产楼房、办公生活楼、油工车间楼、锅炉房、浴室等建筑，主要木材加工机械有 77 台，其他辅助设备 55 台，产品品种也有很大发展和更新。他们生产的传统仿明清硬木家具和榆木大漆家具在国内外享有盛誉，并且长久不衰。

京城当铺遗址

———

董宝光

过去老北京有句俗话："穷死不典当，屈死不告状。"说明旧社会典当行业对典当者剥削得极其残酷，使人无法承受。所以从 1949 年北平解放后，人民政府即下令取缔典当行业。传统相声《当行论》中，模仿当年当铺的营业员长声慢气地和顾客讲话，以及报账时好似念昆曲韵白，故意拿腔作调贬低典当物品的情况。虽然艺术表演有些夸张，但大体上符合历史情况。

新中国成立前，当铺在北京的经济生活中占有重要地位。在爱民街（原名旃檀寺）西侧有两条胡同，旧名分别系前当铺胡同和后当铺胡同。可见当铺与北京人经济生活关系之密切。

经过 60 年之沧桑，昔日当铺之铺面多已不存，保存至今日者诚属吉光片羽。所以今日尚存的当铺遗址，亦有珍贵的文物价值。

据笔者所知，目前北京尚有三处当铺遗址，且均在东城，现简述之，以供同好参观考察和研究。

宝成当铺

此当铺位于东总布胡同，当前西口把口路南，现地址为东总布胡同62号。近年因南小街扩展马路，东总布胡同西侧被拆除一段，62号院遂显露在西口把口。其临街外墙高约5米，东西宽约16米，厚约0.5米，青砖到顶挑灰灌浆十分坚固。外墙一直上延至房檐以上，在屋顶上方形成一道1米多高的护栏墙。

临街共五间铺面房，每间宽约2.8米，进深约7米。最靠西边的一间系当铺正门，门洞宽仅1米，高不足2米。门楣上方系半圆形拱券，其上方嵌一砖雕横匾："宝成当"，最上方护栏墙顶部建一圆形装饰物。门洞侧面墙内有沟槽，内装左右两扇推拉式铁门。门洞以内系包有铁皮的两扇厚木门。从门闩的卡环可知，门闩之直径当在20厘米以上。

其余四间屋，每屋临街开一矩形窗，窗宽约1.2米，高约2米，窗台距地面约1.1米，窗顶部为弧形拱券（瓦匠称之为木梳券，因其状类木梳背也）。窗侧面墙内有沟槽，内装左右两扇推拉式铁护窗板。

房柱子外侧沿外墙砌一砖垛子，直达护栏墙并高过其顶部半米多，望之类似城墙之雉堞。整座当铺颇似一座小城堡，墙高且厚，铁匣门窗，防守严密，外人很难进入。

此当铺旧址现为居民大杂院，已难窥院内之原貌。当前靠东侧的外墙已开裂。占用此建筑的一商户现贴出告示：拆迁甩卖。

万庆当铺

万庆当铺位于南锣鼓巷，后圆恩寺胡同西口把口南侧路东，旧门牌系南锣鼓巷3号。临街外墙系青砖到顶，南北宽约35米，约占八开间；

高约5米，且高出屋檐1米多，形成一道护栏墙。靠南侧的四间房，每间宽约4.5米，进深约5.6米。两房之间的柱子外侧建一砖垛子，沿外墙向上，且高过护栏墙半米多，类似城墙之雉堞。

靠南的第三房系当铺正门，门洞高约2.2米，宽约1.3米，上槛起平顶扇面券，其上方嵌有砖雕匾额，上书"万庆"二字。匾上方建一象征性门楼，探出墙面约30厘米，清水脊覆灰筒瓦，磨砖雕花的檐椽构件。正门的南北两侧各有一门，三门等高。南侧门宽约1.3米，北侧门宽约2.2米，门楣上方均系弧形拱券（木梳券）。新中国成立后，这三处门洞均用砖砌死，但门的轮廓清晰可见。

近年有关部门在其正门前置一黑色大理石说明牌，现转录如下：

据1940年中国联合准备银行调查室编写的《北京典当之概况》记载，"万庆当铺，位于南锣鼓巷3号，成立于民国二年一月，注册资本为14000元。有职员共8个，经理为郭润田"。当时京城当铺以铺掌姓氏著称的有"常、刘、高、董、孟"五号。万庆当铺属于"当铺刘"掌管。南锣鼓巷东西两侧的达官显贵，是万庆当铺的主要客户。

解放前，万庆当铺因衰败关闭。2006年8月，万庆当铺墙重新整修，露出"万庆"两个字。墙面上三处门洞为万庆当铺的店门，仍保存较好，现当铺铁门密封在墙内。

（下略）

门楼胡同的当铺旧址

在东直门内南小街门楼胡同东口内路北，有一座气势恢宏的当铺，其现地址系门楼胡同5号和3号，两座街门实为一体。临街一面墙，高约 5 米，东西宽约 30 米，厚约 0.6 米。青砖到顶，角柱石为巨型花岗岩条石，屋内进深约 7 米。

位于最西侧的 5 号街门系当铺的正门，门前有三级石阶，上下槛及西侧门框均系巨型青条石砌成。门洞高不足 2 米，宽不足 1 米。门洞侧面墙内有沟槽，内设左右两扇推拉式铁门，门洞以内系两扇包着铁皮的门，既厚且重。门楣上嵌有青石匾额，上镌：

民国六年重阳

泰和别馆

李焜墀建

在此门的上方有一瞭望台，在其南侧和西侧的护栏墙上，分别有两个和一个十字形的瞭望孔。大门内上方有一楼口，循梯由此可登上瞭望台，进行瞭望和守卫。

3 号街门略靠东侧，距东墙约 10 米。门前亦有三级石阶。门洞高约 1.9 米，宽约 1.1 米，上下槛及两侧门框均系巨型花岗岩条石砌成，十分坚固，双扇大门包有铁皮，门洞墙内未设置推拉式铁门。

外墙正中嵌一汉白玉说明牌：

北京市东城区文物保护单位当铺旧址

这座泰和别馆犹如一座极其坚固的小城堡，可谓固若金汤，壁垒森严，防范极为严密。面对盗匪和火灾，可保无虞。

据附近居民介绍，瞭望台上之瞭望孔犹如炮孔，大门上之瞭望台好似敌楼上之炮台。当铺主人姓李，故附近住户称其为"炮台李"。民国时期，当铺主人将此建筑售予一军阀，用作住宅，对院内房屋做了改建。所以仅有城堡式的围墙、瞭望台和铁门等建筑还保留了当年当铺的遗址。新业主在东侧又辟了一座街门，即今天的 3 号院门。因此时已不用作当铺了，故 3 号院门墙内未设推拉式铁门。多年来院内变为大杂院。

笔者在采访中，遇到一位耄耋老人，解放初期即住在此院。据他介绍，此院外墙系用糯米浆拌石灰砌砖筑成，真可谓铜墙铁壁。

结束语

上述三座当铺遗址，其共同特点系均建有既高且厚的外墙，门和窗的墙体内均设有推拉式的铁门。而这些正是防盗、防抢、防火的必要设施。当铺的外墙顶部均有高过屋顶的护栏墙，这相当于城墙上方的女儿墙，既可阻挡贼匪越墙入内，又可作为瞭望台使用，遇到紧急情况，站在护栏墙后也可进行观察和守卫。而门楼胡同当铺的瞭望台，则使得其防卫功能更强，其外墙之坚固厚重更非另两座当铺可比，可谓是一座旧时当铺的标本。

盖因进当铺总非光彩之举，典当者羞于遇见熟人，所以当铺多设在僻静街巷。然而名净金少山平时将戏装押于当铺，令其妥善保管，俟演出前支取包银再赎回使用，则系个别情况。

北京典当业踏迹

——

全　水

鲁迅先生在他的《呐喊》自序里有这样一段叙述：

> 我有四年多，曾经常常——几乎是每天，出入于质铺和药店里，年纪可是忘却了，总之是药店的柜台正和我一样高，质铺的是比我高一倍，我从一倍高的柜台外送上衣服或首饰去，在侮蔑里接了钱，再到一样高的柜台上给我久病的父亲去买药……

鲁迅先生在这里讲的"质铺"，有些地方叫"当铺"，即典当业。解放前夕，随着剥削制度的垮台，靠剥削为支柱的典当业亦随之倒闭，解放后在城乡即已绝迹。青年朋友们只有从小说、戏剧、电影里得到一点当铺的印象。那么典当究竟是怎么一回事呢？

在旧社会，人们在急需用钱时，有的是去借高利贷，有的则把自己家里值钱的东西拿出来，送到当铺去押当。当铺按新旧成色、质地好坏、贵重与否论价。所谓"当半",是说即使是全新的物品,当价最高也就是原价的一半;其他只有几成新的,当价就更低了。押当人还要按月付利息。当物期满时,要本利还清,才能赎回自己的物品。若到期还不起本利,即作为"死当",由当铺变价卖掉。这是一种以抵押物品为形式的高利贷剥削。

押当人中大多是穷途末路的劳动人民,或因天灾人祸,或因失业穷困,实逼无奈,才跑去当铺的。所以说,当铺也是吸人血的地方。

下面,我们把解放前北京当铺的内幕做些解剖,看看这个作为钱、粮、金、当四大行业之一的典当业,究竟是个什么体统。

历史渊源

典当业的起源,在我国距今已有上千年的历史。西周及春秋战国时期的人质,即是典当业的萌芽,稍后又以物为质。据考,南北朝时就有典当的有形组织了。其初本为僧院主持,仅属慈善性质,以济贫救灾为宗旨,称作"长生库"。以后由富商经营时,便叫"质库",也有叫"典肆""质肆""解库"的。北京近代,便叫"当铺"。典当业的源起与沿革,在《后汉书》《南史》《资治通鉴》等书上均有记载。

唐代大诗人杜甫有一首《曲江》诗写道:"朝回日日典春衣";北宋张择端的《清明上河图》中也出现了当铺的画面;宋、元戏典中又屡屡出现典当内容的戏,如《王定保借当》《寺僧经营长生库》;曹雪芹在《红楼梦》里写了薛蟠开当铺、王熙凤私放高利贷等,这些都说明典当业的兴起在我国源远流长。

从古代至解放前夕,典当业为什么能经久兴盛发达?这与典当时手续简便,不要保人,放款额可多可少,还款日期较长,且不问质款用途分不开。还有一个重要的原因,那就是它在每个时期都能受到官府或当政者的庇护。因为它既能向官府纳税，又能以"便民""救急"为招牌，合理合法地进行高利贷剥削。而有些官绅，本身就是典当行的后台老板——股东。

清初，朝廷规定："官不经商"，取意"官不与民争利"。但内务府官员与宫中太监，大都以放款取息的形式，成为北京当铺的主要财东。20世纪60年代初期在故宫文华殿举办的曹雪芹生平展览会上，曾展出清嘉庆年间查抄户部侍郎兼军机大臣和珅的档案，在没收和珅家产的清单上，有"当铺75座，资本3000万两"一项，可窥一斑。

清初北京典当业大多是由外地人经营的；鸦片战争后帝国主义开始入侵北京，当铺虽被抢掠，但损失不大；1900年八国联军进攻北京时，全市当铺均被洗劫焚烧，无一幸免；之后，经过一段时间的恢复，当行又有所发展，而且出现了山西人经营的"山西屋子"（"屋子"即当铺）；辛亥革命中，典当业又遭毁灭性打击；但1912年至1930年，这二十几年为北京当业的全盛时期。新兴的北京帮合力把"山西屋子"挤垮，成了名副其实的"北京屋子"，当时有70余家。

1931年九一八事变至1937年七七事变，政局的动荡使北京典当业日趋衰萎，处于勉强维持阶段。七七事变后不久，日本侵略者觊觎典当行，曾企图强迫京、津、唐三市典当业与日本大兴、裕民公司（日本质屋）"合流"，实则吞并。京、津两市典当业同业公会全体会员开会，决定"宁可倒闭，决不合流"，使日帝对京、津当行无从染指。日帝看京、津当行强迫不行，便在京、津一带由日本宪兵队批准日本人、朝鲜人合开"质屋""小押"（日本当铺），其采取期限短、利息高、当价大、押当票、贩毒品等办法，以图挤垮中国典当业。因此，延至1940年以后，北京的当铺就陆续倒闭了。1945年日本投降前夕，北京只剩下三十几家。

日本投降后，当商们以为好梦可以重温，把希望寄托在"国军"身上，许多总管重新聚集资本，准备复业。孰知国民党统治下的物价飞涨和乱发金圆券，货币贬值，打破了当商们的幻想，至 1948 年解放前夕，北京典当业便覆灭了，再无一家当铺残存。

高高的柜台内

在北京 20 世纪 20 年代前后典当业的昌盛时期，由于当商们齐心合力挤走了外地人，达到了当权上的联合，因而在当行的内部组织、铺房结构、铺规、手续、程式、习惯等方面也做到了协调一致，形成了典当业独特的经营方式。

北京当铺的招牌，是在铺门前的旗杆或牌坊上挂着一个当幌子。后来因怕妨碍交通，有的当铺又把幌子改成"云牌""雨牌"，均每日按时摘挂。

当铺的柜房是对外的营业室，迎面一字栏柜，柜台有五六尺高。鲁迅先生在《呐喊》自序里说，"质铺"比他"高一倍"，不是夸张的说法。因柜台过高，柜台里设有高二尺左右的踏板，是营业员站着的位置。柜房是穿堂式的，前后设门。后门处供奉着财神。柜房内还设有放当票、登录本用的大桌，整理当衣当物用的卷当床、钱串，账房先生、出纳员用的放账桌、管钱桌，以及管家们坐的客座等，各有其用，等级分明，绝无混乱。

当铺的主要设置还有库房、客房。库房周围建有高墙，窗棂坚固，空气务求流通，有号房与首饰房之分：号房是保管当进来的衣服、财物的库房，一般占地三四十间；首饰房是用来保管珍贵物品的库房，又是内账房，是铺内重地，非指定的专职人员不能擅入。除此，尚有住房、饭房、更房，等等。

等级森严

北京典当业的人事组织，全市完全一致。当铺的业主是股东，下设：

总管（总经理）——受股东的委托（也有总管兼股东的），监督一切对内对外事务，对外交际，内谋发展，筹划资金的流动，报告股东营业状况等，皆为总管应尽之职。

代管（总管的助手）——受总管委任，代行总管一切职权。

经理（当家的）——督管柜内一切业务，职员的升调、聘免，以及资本的周转，营业的发展，都负全责。对外应酬，出席同业公会，亦由经理任之。

副事（二当家的）——襄助经理一切事务。

襄理（三当家的）——职权与副事同。

头柜（大缺）——由经理特聘。只负责柜前营业之责，鉴别货物，酌定价格，设法使其交易圆满成功。每日二餐时，头柜居首席，以示优待。

二柜（二缺）——襄助头柜一切业务。大当铺也设有三柜（三缺）、四柜（四缺）的，其职分与二柜同。

采八角的——其职务在总揽一切杂务，职分有面面俱到之意。

大包房达（亦称包衣达，满语杂役头目）——总务及库房负责人。

二包房达——协助大包房达一切事务。

账桌——是当铺的重要职务之一，有正账（会计负责人，精通业务）、帮账（专司写票、登账等）之分。

小包房——属助理员性质，营业期间，如叫号、归号、入库、校对等，均是应尽职责。

学买卖的——学徒，负责卷当、取当、抹桌子、掸柜台、沏茶倒水，晚间还要磨墨、贯牌子，写当字（当铺的字有独特的书体，让外行人不易辨认）、练算盘，一天工作十七八个小时，十分辛苦，疲劳不堪。

厨子与更夫——这是受剥削最重的下人了。厨子白天做饭，夜间还必须与更夫倒班守夜（只守前半夜）；更夫除夜间巡守，白天还要协助厨子做饭、打杂。他们还要共同负责铺房的卫生清扫，开门、上门，开饭时给人盛饭等，地位极低，收入极微。

当铺的营业人员，职务分明，等级森严，各司其职，绝不许僭越，即使是一条坐凳，也不许乱坐。

当铺内工资差别极大，当家的工资高，按股分红，掌柜的分红分钱也极多，到了徒弟、厨子、更夫那儿，每月也就只有几元钱了。年终结账分红时，这些下等的店员、杂役所分无几，完全是根据当家的印象好坏分配。分不到几个钱不打紧（厨子、更夫一个零钱也分不到，每月就是三五元的工资），还常常遭到当家的严厉训斥，甚而借故辞退。当家的要想辞退人，就说："咱二位新鲜新鲜吧！"你就得卷铺盖卷儿走人。这些整年整月吃、住都在铺房内，每天累死累活的下等店员、杂役，两手空空地离开了当铺。当时在全市当行内流传着这样的顺口溜：

> 一年四季春复夏，
>
> 就怕年终"说官话"，
>
> 当家的怀揣记事珠，
>
> 耳听"谢意"心害怕。

"开张大吉"

北京当铺开张，有一种传统的仪式，如同演戏一般，即由当铺老板指定本当铺内新来的童子学徒，扮作押当人来当铺当几件或谐音、或取意为吉祥如意的物件，当铺掌柜的如仪走一趟当物的过场：报账、卷当、穿号等，然后归号入库。入库之后，这几样东西便成了"镇库之宝"。这种仪式，取意为"开张大吉""利市吉祥"。开场戏演过之后，即可正式营业了。

当铺的当户，多因病困急危、婚丧嫁娶、亲友交际、日常家用而出入当铺。根据北京的特点，大致可分如下几个阶层：

大宅门，即从前的富户，后来家道中落者。所当大多是贵重之物。当物之多，当价之巨，利息之厚，均为当商们所欢迎。

中等阶层以下的老住户。这些人大多有相当职业，但平时不善储蓄，开支又不肯轻易缩减，偶遇意外事故发生，即无法应付。去告贷亲友吧，又顾全面子，只好出入当铺了。

大、中学生。北京为全国文化中心，学校林立，外省市赴京求学的学生很多。这些学生大都家庭富裕，按理不该跑当铺，但京城学生交际活动较多，靡费较大，手头拮据时学生们就把身边的东西往当铺里送，假期回家时再向家里讨钱赎回来。取赎守时，当铺也欢迎。

劳力界的贫苦百姓。这些在旧社会最底层的劳动人民，大都劳力少、人口多，些微收入不但不能温饱，稍遇天灾人祸，就有潦倒殒命的危险，为生存计，只好将家里用的、身上穿的，所有能拿出去典当的，都送出去当了，却又往往赎不回来！其状之惨，悲苦已极。

当铺收的当物，大致有以下五类：

估衣，包括皮、棉、单、夹、纱各种衣服，也包括戏衣、片、衣料与丝绵被褥；

首饰，包括金、银、珠、石等各种镶嵌首饰；

铜锡，凡铜质、锡质各种器皿均含在内；

钟表，各种座钟、怀表、手表、挂钟等；

杂项，凡古董、字画、家具、瓷器等均在内。

三百六十行，当铺的营业方式，独一无二，不同于任何行业。当铺业务，分收当、赎当两项。收当，或衣物，或首饰，经当家的"过眼"（看货识货）、"磨买卖"（讨价还价），成交以后，高声唱叫写票"报账"，即可"卷当""穿号"，然后等待归号入库。赎当也有固定的手续，按"花取名册"（按收到的取赎单据随来随登，不排次序的名册）由徒弟登上代号（徒弟一入当铺即有代号，多取吉祥如意之词，始终不改，便于检查差错），往号房取当物。待账房先生将票据、赎款核对好以后，即将当物发还典押人。

当行内有一种特殊语言，行外人称之为"当话"。使用的目的，是使押当人听不懂，以避免因押当人的身份、当物的质量、价格等说不清而引起纠纷。"当话"多是谐音，有的只说声母不说韵母。一般人听不懂，但听得多了，就能掌握它的规律，也可以听得懂。当行内收当报账、取当报号时，均拖着悠长抑扬的腔调，颇有韵味。

当铺的营业时间也非常特殊。北京当铺的对外营业时间是：春季早7时至晚6时；夏季早7时至晚8时；秋、冬季是早8时至晚5时。除个别当号年关延长营业时间（此时也正是一些穷人急困过不了年关之时）多捞一把外，平时绝不敢拖延，因当行是：一怕强盗二怕贼。

当铺供"号神"

当铺特别怕强盗、窃贼，因此必须有一整套防盗办法，巡守制度很严，铺房建筑像铁桶一般。

当铺还怕火灾，怕潮湿，怕虫害。可笑的是，还因怕耗子而敬奉耗子。

为此，他们采取了种种措施。

首先是防火。俗话说：水火无情。一场大火，会把价值几十万元的架本变成一把灰烬。老板们怎肯坐以待火？须严加防备。辛亥革命后，一个专为当业火保险的组织——京师当业思豫堂保险公益会成立了。这个组织是典当业同业公会办的，加入火保险的当铺必须按现有架本每月提取六厘作为保险费，如遇火灾及意外非人力所能抵抗的损失，即可享有保险，由思豫堂赔偿损失。此组织在日本投降前后，随典当业的衰败而倒闭。

在政局混乱时，当商们为确保无虞，还把一些当物中的奇珍异宝送到东交民巷租界地保存。

除防盗、防火外，当物的妥善保管，也是当行的大事。

防潮防虫，这是不容忽视的，尤其是对衣物、皮货，稍不注意即有发霉虫蛀的可能。因此，存放当物的号房，在结构上既要考虑到防盗、防火，又要考虑到通风、防潮、防虫蛀，取放物品时还要顺手方便。号房内要按时检查（对点当物），注意平时通风，还要每年两次抖皮衣。一次是在立夏以前，另一次是在秋分以后。皮衣只能抖晾，不能日晒。抖晾时每日从早四五点至上夜，工作量相当大。除由包房达率徒弟几人进行外，遇有严重损坏、虫蛀的，还要找人修补。干一天活，又脏又累，资本家为确保当物的管理质量，准包房达和徒弟吃一次客饭、洗一次澡，笼络人心。

老鼠，这个在街面上被人人喊打的小小生灵，在当铺内却被奉若神明，称作"号神"，被供奉起来——试想，如果当物被啮，价值连城的宝物受损，当商们怎么能受得了？但在那愚昧落后的年代，奈何不得横行的老鼠，只好把它们当神灵供奉在神位上。每月初二、十六是祭"号神"的日子。这一天，小徒弟们要格外殷勤，他们在自己贫寒的家里，哪一个人不打死几只老鼠？可是，在当铺内却要装出虔诚的样子。可惜，小徒弟们的心思是放在供品上的。不等"号神"光顾，小徒弟们便赶忙撤下供品，分而食之了。

这正是：

> 初二的供桌十六的神，
>
> 号神的祭品徒弟们分。

残酷的盘剥

本文开头提到鲁迅先生从小出入当铺、药店之间，那是旧社会潦倒贫困之家受当铺高利贷剥削的一个典型写照。鲁迅先生出生在一个破落的士大夫家庭里，家境的败落，再加上父亲常年久卧病榻，为了糊口，为了给父亲治病，使他从小受够了当铺质屋的奚落和白眼，饱尝了人间的疾苦。北京近代的当铺剥削，同鲁迅的家乡绍兴一样，也像一把刀子似的搁在人们的头上。

北京当铺的利率和期限，随政局变化略有浮动。1900 年前利率月息 3 分（3%），当期 36 个月（三年），"过五"计息，即由原当日按一个月计息，到了次月 5 日亦按一个月计息，到 6 日即按两个月计息，依此递推到 36 个月零五天为期满，36 个月第六天即为"死当"。当铺内如有熟人亦可"留月"（延期一个月），亦可"信当"（值多当少）。

辛亥革命后二三年内，利息有所提高，期限缩短，但不久仍改为月利 3 分，期限变成 24 个月，仍"过五"计息。

1929 年南京政府规定月利 1.66 分，外加栈租 9 厘，共为二分五厘，当期为 18 个月，改变"过五"计息，即由原当日起到满足一个月，按一个月计息，次月第一天到十五天按一个半月计，次月第十六天到满两个月按两个月计，递推至第 18 个月时，不再让五天，过期即"死当"。此法一直沿用到日本投降以后。"死当"的物品即被当商们出售，出售的估衣，利润为当本的 20% 至 30%。

可怜穷苦人，或因贫病交加，或为人所逼，或为债所迫，或因天灾人祸，而又借贷无门时，明知是饮鸩止渴，但也只好从身上脱下衣服（往往是十冬腊月）送去押当，又常常赎不起，变成"死当"，只好冻着。即使是东借西凑，勉强付利赎回，却又滚了一身阎王债！

有一人力车夫，因当一副手镯，搭上了一家三口人的性命。旧社会的人力车夫，属卖苦力者，收入微薄，且朝不保夕。穷人家福不双至，却常常祸不单行，妻子和女儿一齐病倒了。要治病没有钱，要去押当，家里早已没有一点值钱的东西，实逼无奈，他跑到一位远房亲戚家借当。亲戚借给他一副银手镯，讲定归还日期，并答应付利息。车夫拿到手镯急忙送去押当，当了一点钱，然后跑去药铺抓药，急如星火，总算救活了母女二人，可是，当票到期时，他却无钱赎当，尽管他跪地磕头请求宽期，可那当铺掌柜始终不肯发一丝善心，终于使这副手镯成了"死当"。那位远房亲戚也是限期索回的，听说银手镯成了"死当"，翻脸不认亲，声称那是他们家祖传的家宝，不还不行。一日催要三次，大吵大闹，砸锅摔碗，后来竟扬言要经官，车夫又几次去当铺跪求，回答仍是同前。车夫左思右想没有出路，用尽仅有的几个钱，去药铺买了砒霜，掺在粥里，一家人同归于尽了。

像这样的惨象不知有多少！

当铺，表面看是急人之所难，其实他们只认一个"钱"字。不仅对外人如此，对他们自己的伙计也是如此。有个当铺店员叫李仁，年轻时就在当铺账桌上卖命，仗着年轻又能干，一天工作十七八个小时不下账桌，打算盘磨得手指上长了茧子，账面不许有丝毫差错。天长日久，积劳成疾，到了 40 多岁上，得了肺痨病，双眼也累坏了。狠心的老板，见他已无油水可点灯了，一脚踢出大门。此人无家可归，生计已绝，风雪之夜，冻饿而死，倒在马路边。

苦了穷人，却富了资本家。他们用从穷人身上刮的脂膏，养肥了他们自己。北京的刘禹臣，一人就开十几家当铺，不光北京有，天津还有他的分号，房产、地产无数，仆人、家丁几十名，一餐酒席，不知挥霍多少金银。

像这种状况，谁人不痛恨。因此，社会上只要一有风吹草动，当铺便首当其冲：兵荒马乱时，常有强抢当铺的举动；放火烧当铺的事时有发生，放火人不光有负债人，有的就是当铺自家的店员，可见矛盾之深。而当铺老板们，此时个个都是提心吊胆地打发日子。有剥削、有压榨，就必定有反抗，这也是必然规律。

典当业作为历史陈迹已经过去几十年了，早已被时代的洪流所淘汰。然而，作为今天新时代的年轻人，研究一下典当业的发展、兴起和衰亡，对于了解旧社会，了解历史，特别是了解阶级和剥削，是一部生动的活教材。

乐松生和北京同仁堂

安冠英

历史悠久，承办官药，声名大振的北京同仁堂给乐氏家族带来了显赫的声誉

明朝永乐十九年（1421 年），浙江宁波府的著名郎中乐良才迁居北京。乐良才三世单传，子乐廷松，孙乐怀育，重孙乐显扬都以郎中为业。至乐显扬时，乐氏家族在北京已打下根基，并于 1669 年在北京前门外（今新开路）附近创办了同仁堂，立下招牌一块，上有"同仁堂"三字，并有"康熙己酉"字样。

1702 年，乐显扬第三个儿子乐凤鸣在北京前门外大栅栏中段路南开设了同仁堂药铺，设店卖药。至此结束了串街走巷看病卖药的生涯，同仁堂进入了一个新的发展阶段。

乐凤鸣继承祖业之后，遵循"炮制虽繁必不敢省人工，品味虽贵必不敢减物力"的祖训，精心炮制丸散膏丹，并广泛搜集、研究、筛选宫

廷秘方、祖传秘方、古验方、偏方的精华，编辑成《乐氏世代祖传丸散膏丹下料配方》一书。这是对我国中医药学的一大贡献，至今仍有重要的参考价值。

由于同仁堂配售药品疗效显著，声誉与日俱增，博得了朝廷赏识。清雍正元年（1723 年）钦命同仁堂供奉御药，一直到清朝灭亡，历经七代皇帝，时间长达 190 年左右。

"供奉御药"也叫"承办官药"，也就是供应皇宫内用药，实际上是为宫廷当差。供奉御药可以预领官银和增调药价，增加了流动资金，增强了经营实力。同时也凭借皇权，保证了同仁堂这块金字招牌和乐氏的铺东地位。

清乾隆十八年（1753 年）同仁堂药铺发生了火灾，烧得只余下残墙砖瓦，主持经营的乐以正连急带病故去了，乐氏只剩下孤儿寡母，已无力经营。乾隆知道后，下令提督府招商承办同仁堂，条件是同仁堂招牌不能变，乐氏铺东地位不能变。招商承办同仁堂的是张世基，以后由张世基供奉御药，称同仁堂药商，并给乐氏铺东二股分息。此后张世基将同仁堂股份逐渐卖给他人，同仁堂由乐氏独资成为合股企业。清嘉庆二十三年（1818 年）同仁堂已有股东 21 人。清道光十一年（1831 年）张世基又转典给同仁堂管家朱家瑛，之后又典给庆氏。道光十七年（1937 年）又租与北京慎有堂药铺，乐氏与董迪功联合经营。道光二十三年（1843 年）董迪功难以为继，立合同将同仁堂退还给同仁堂乐氏第十代传人乐平泉。乐平泉努力振兴祖业，结束了整整 90 年的典让、租赁历史，同仁堂又成为乐氏独资企业。

乐平泉去世后，由他的四个儿子，即乐孟繁、乐仲繁、乐叔繁、乐季繁共管同仁堂，历史上称"四大房共管"，直至同仁堂公私合营。

乐松生，北京同仁堂乐家独资时期的最后一位经理，又是同仁堂公私合营后首任经理。他带领同仁堂在时代巨变中找准发展的方向

乐季繁是四大房中第四房，有三子，长子乐达仁、次子乐达义、三子乐达明。乐钊、乐琪为乐达仁之子，乐松生为乐达义之子，乐肇基为乐达明之子。乐钊、乐琪、乐松生、乐肇基是堂兄弟，为一爷之孙。

乐达仁出身医药世家，耳濡目染，不但对中医药产生了浓厚的兴趣，而且刻意研究乐氏祖传秘方。他早年留学英国，后来还作为清政府驻德公使吕正襄的随员赴德国考察，受西方文化影响颇深，对资本主义工商业的生产技术与科学管理更感兴趣。回国后，他深感同仁堂设备落后，管理混乱，决心另辟新径，改变同仁堂的经营方法。他的意见一经说出，立即遭到众族人的反对，意见难以统一。乐达仁找来乐达义、乐达明及乐达德兄弟，商量用乐季繁去世时遗留的 4 万两白银作为资本，在外地开设乐家老铺。乐达仁先在武汉，后又到上海开设同仁堂，但营业不佳，于 1914 年又到天津开办了达仁堂。

1914 年农历四月二十八日天津达仁堂开张，地址在天津河北区沈家栅栏。这里地点适宜、环境优越，此外还有一个原因即地名带有栅栏二字，与北京同仁堂药铺地址在前门外大栅栏同有"栅栏"二字，取其吉利，心理也平衡。农历四月二十八日是药王节，这一天是药王生日。乐达仁选址、选时可谓颇费苦心。这里顺便提一句，乐家的人几乎都迷信，各房都拜佛烧香。

开张这一日，乐达仁广邀亲朋好友、同行，搭彩棚唱堂会，非常热闹。忽然浓烟滚滚，彩棚着了火，众人惊慌失措，乱作一团。乐达仁果断地切断火源，指挥众人救火，大火很快被扑灭了。有人断言，开张不吉利，很快会倒闭。乐达仁虽然迷信，但更相信科学，对事业充满信心。在宣传上，他反其道而行之，说："火旺、火旺，越烧越旺。"果然，达仁堂一把火使天津人人知道达仁堂，重新营业后的第一天就来了个开市大吉，收入现大洋 80 元。

1928 年，20 岁的乐松生被迫从育才商业专科学校退学，迈进了天津达仁堂的大门，任副经理。他有一个脾气，不干就不干，要干就干好，干出个样子来。

乐松生对自己的要求是严格的，他完全进入了这个新天地，几乎是拼出命来学。他虚心向职工学习中药的辨别、性能、作用、炮制，向乐达仁学习经营管理经验。

"师父，您看这虎骨与豹骨有什么区别？"乐松生经常以一个徒弟的身份问老职工一些问题。

"虎头部的骨骼有浅槽，豹骨的头部是梭的形状，老虎属有爪科，脚有跗骨，豹是有蹄科，只是单骨。"老师傅非常喜欢这个没有东家架子、态度和蔼的"乐爷"，往往是问一答十，非常愿意和他接近。

渐渐地乐松生有了辨别药材真伪、判断质量高低的能力。但乐达仁对此并不满足，常派乐松生和一些老职工到药材产地、大药材市场去采购，锻炼他的实际工作能力。

在天津达仁堂期间有两件事对乐松生触动很大。

一是在达仁堂蒸蒸日上的时候，乐家大房东乐佑申兄弟在 1929 年也到天津开设了两家乐家老铺，名称为乐仁堂、宏仁堂，地点离达仁堂不远。乐达仁非常气愤，因为乐氏家族原来有规定，凡有乐家老铺的地方，别的乐家成员不准再在此地开乐家老铺，也就是说先开药铺可以，后开就不成了。这是乐氏家族解决内部矛盾的一种措施。乐达仁找到乐佑申申明族规，乐佑申置之不理。乐达仁对乐肇基和乐松生说："我要到北京，让族人公议。"乐松生身为乐氏族中人，对同族之间的矛盾是了解的，不是特别重要的事情不会同族公议的。眼看矛盾即将激化，乐松生多次劝伯父："都是同族近支，都是同仁堂的股东，肉还是烂在锅里，利没外溢，让他们开药铺吧！"乐达仁气仍不消，乐松生又说："天津地方这么大，同族不开，其他同业也是要开的。要是同族公议，定伤情分。"水滴石穿，乐达仁终于被感动了。之后达仁堂、乐仁堂努力经营，都有了很大发展。

二是德国拜耳药厂主动找乐达仁，提出合作办一个制药厂。乐达仁、乐肇基、乐松生多次一起商量，认为条件合适可以合作办厂。拜耳药厂提出，双方投资，工厂建在青岛，厂名仍为拜耳。乐达仁坚持厂子建在天津，厂名为达仁堂。谈来谈去拜耳药厂丝毫不让步。乐氏伯侄三人都想改进中药制作，改革落后的面貌。但事情牵涉到以谁为主，如在外商控制之下怎能心甘？最后乐达仁等决定，不向外商妥协，坚持民族利益。

在天津达仁堂，乐松生办的两件事对同族震动也很大。

一是1947年乐达仁、乐达义相继去世，乐松生成为北京同仁堂、天津达仁堂主要负责人之一，同管两药铺业务。乐达仁去世后遗有二子，即乐钊、乐琪。达仁堂药店原有四股，乐达仁只占一股。当时乐松生对乐肇基说："把四股改为五股吧！让乐钊、乐琪各领一股。"乐肇基同意后，乐松生又找其他股东，最后圆满解决。乐家本来在财产分配问题上矛盾很多，本族人看到乐松生的这种宽以待人的做法，也不得不称道。北京解放后同仁堂的劳资纠纷解决后，乐氏族人一致同意乐松生担任北京同仁堂经理，和这件事有很大关系。

二是乐松生以对社会负责的精神，对职工的要求是很严格的。他常说："中药这碗饭是不好吃的，弄不好会误人性命。"因此达仁堂有一整套严格管理制度。不仅这样，乐松生还经常与职工共同炮制药材。一次在炮制妇科特效药乌鸡白凤丸时，乐松生与职工一起去净毛爪，与其他药料按家传秘方配制后，分层码在铜罐中，以沸水煮沸四昼夜。这四昼夜乐松生一直坚持下来，实在困极了就坐着合一会儿眼。他这种精益求精的精神乐家人人都知道。

在天津，达仁堂是后起之秀，其信誉远远超过其他老字号，饮片质量堪称华北第一。

1953 年，党中央按照毛泽东主席的建议，提出了我国在过渡时期的总路线：要在一个相当长的时期内，逐步实现国家的社会主义工业化，并逐步实现国家对农业、手工业和资本主义工商业的社会主义改造。

乐松生当时还任北京市工商业联合会主委、中国民主建国会北京市委员会副主委、北京市国药业公会主任委员。在中共北京市委领导下，乐松生欢欣鼓舞，他分别召集不同行业、不同层次的工商业者举行座谈会，学习讨论总路线。同时有目的地征集工商业者的各种反映，向上级汇报，帮助了解情况。在中共北京市委召开的一次座谈会上，乐松生非常激动地站起来高声地说："新中国的成立，给同仁堂带来了新生；党的过渡时期总路线，给同仁堂指明了方向。"乐松生平时发言都是稳稳当当的，这次在座的人都很吃惊，没想到他这次发言几乎是喊出来的。

这一年乐氏家族开了一个全体股东会议，这是个自发性的会议，没有组织，没有召集，没有主持。会上有人说："我们不带这个头，看一看再说，谁先申请公私合营就叫谁先申请去！"有的说："政府叫我们公私合营我们就公私合营，不主动申请。"当时南京同仁堂经理乐笃周也在北京，他说："在抗日战争和解放战争时期，我曾支援过八路军、解放军，他们向我宣传过党对民族工业的商业政策，解放以后事实证明他们说到做到。"乐松生也说："这是社会发展规律，乐家应起带头作用。"

乐松生的态度是明确的，经过"三反""五反"教育，他的觉悟提高很快，他非常欢迎乐氏家族的这种座谈。他也清楚，这么重大的问题乐氏家族不会很快形成统一意见，因此他有机会就介绍合营企业的情况来宣传政策。

真理越辩越明。1950 年乐氏四大房每年每房在同仁堂提取 14000元；1953 年党和国家对私人资本主义工商业采取利用、限制、改造和赎买政策，每年利润实行"四马分肥"，即实行国家所得税金、企业公积金、职工福利奖金、资方股息红利，四方面共同分配企业利润。由于同仁堂营业额猛增，乐氏四大房每年每房分得人民币 42890 元，相当于过去每年每房所得的 3.06 倍。这样的分红制度一直延续到 1956 年全行业公私合营被定息制度所代替。同仁堂在国民经济恢复时期也有很大发展，职工人数从 1950 年的 194 人，到 1953 年增至 286 人。党的教育、同仁堂的发展使股东们认识到只有走社会主义道路，才有前途。1954 年同仁堂经理乐松生向国家递交了公私合营申请书。8 月 9 日在大栅栏同仁堂门市部成立了由 7 人组成的公私合营筹备委员会和由 15 人组成的清产核资领导小组，并起草公私合营协议书。乐松生与有关方面积极配合，工作进展得很顺利。8 月 27 日，由北京市地方工业局代表和同仁堂股东代表在《同仁堂公私合营协议书》上签字。从此，同仁堂正式成为公私合营企业。

1956 年 1 月 15 日，首都各界 20 万人在天安门广场举行庆祝社会主义改造胜利联欢大会。在庄严的天安门城楼上，乐松生代表北京市工商界向中国共产党和毛泽东主席献上了北京市全行业公私合营的喜报。喜报是用一个特大信封套着的。毛泽东主席非常高兴，慈祥而又亲切地对乐松生说："你这个信封可真大啊！"乐松生高兴地向毛主席说："这是大喜事啊!"后来乐松生在回忆这一天时说:"这是难忘的一天,标志着我们祖国在党的领导下,在经济战线上的社会主义革命取得了伟大的胜利。而对于我们工商业者来说,通过党的和平改造政策,使我们能够在接受改造的道路上前进一大步,使我们能够进一步和全国人民一道,在建设繁荣富强的社会主义方面贡献我们的一份力量。这难道不是一件大喜事吗?"在中国对民族工商业的社会主义改造过程中,乐松生成为著名的代表人物。

乐松生的突出贡献是中药西制,他不限于一种丸药,而是全面进行剂型改革,并在全国进行推广

中医药学是祖国宝贵的文化遗产,几千年来一直以丸散膏丹和汤剂饮片造福于人类,为人们的健康服务。但仍存在着缺陷。如丸散膏丹的有效成分、含量和药理作用不明,规格不准,药量大而难服用,容易变质难保存等;汤剂饮片,也就是我们通常说的熬汤药,受原药材质量影响很大,且费工费时服用不方便。一些有志之士曾大胆地进行了改进。

1940 年八路军前总卫生部制药所与八路军一一五师卫生部制药厂合并,在山西省武乡县建立第十八集团军野战卫生部卫生材料厂。1941 年敌人对太行山革命根据地进行封锁,药品成了急需解决的问题。当时战士患疟疾的很多,奎宁又难以买到,影响了部队的战斗力。一一五师卫生部部长钱信忠着急万分,与卫生材料厂同志一起研究,经过努力首先制成玻璃安瓿,之后又以简陋的设备,提取柴胡,制成柴胡注射液。柴胡有解热镇痛作用,柴胡注射液在当时发挥了重要作用。人类有史以来的中药西制成功了,第一支柴胡注射液诞生在太行山根据地。

乐松生贡献之一也是中药西制。他不限于一种丸药,而是全面进行剂型改革,并在全国进行推广,这是历史性的贡献。

乐松生与乐达仁、乐肇基经营天津达仁堂时就曾有志于中药剂型改革，但困难当头，处处碰壁，只得把这种想法深深地埋藏在心里。新中国成立后，在彭真市长的帮助下才逐步付诸实践。

北京解放后，彭真市长和乐松生经常往来，并且很快熟悉了。彭真市长对祖国中医药学非常重视，对同仁堂也关怀备至，对中医药发展方向也非常关心。1951 年在北京市人民政府召开的各界代表大会上，彭真市长半开玩笑半认真地对乐松生说："你们乐家吃中药吃了几百年，靠吃中药发了财。今后你们乐家要为祖国中医中药事业的发展做出贡献。"随后又强调说："一定要做出贡献！"彭真的话充满了信任与希望。这几句很有分量的话，拨动了乐松生的心弦，他决心把中药剂型改革提上议事日程。也就在这次会议上乐松生结识了志同道合的郑启栋教授。

郑启栋教授是我国著名的脏器药物学专家，1939 年至 1943 年任北大脏器药厂厂长兼总工程师。这是一家由日本人投资，利用动物内脏提炼激素的工厂。日军投降后，国民党接收了这家工厂，郑启栋改任顾问。新中国成立后，这家工厂被国家接收，改名为北大药厂，郑启栋任副厂长，同时在北大医学院药学系教授脏器药学。由于职业关系，他对中药剂型改革表示了极大的兴趣。

万事开头难，乐松生改革中药剂型的决心是定了，但他仍有自己的考虑和担心，一时不敢迈步，举棋不定。

乐松生的担心不是没有理由的。其一是具有几千年历史的中药剂型一直以丸散膏丹和汤剂饮片为主，如果改变剂型，能不能保证疗效？群众是否接受？其二是改革中药剂型没有多少可借鉴的资料，能否成功，心中无数。其三是技术人员如何解决？其四是资金问题。其五……乐松生想了许多许多。

1951 年夏天，乐松生与郑启栋一起参加中央土改工作团到了四川。

在重庆他们议论起了中药剂型改革问题，乐松生将他的顾虑向郑教授和盘托出。郑教授表示坚决支持乐松生的改革之举，并愿意合作进行。共同的事业心，使他们成为莫逆之交。乐松生问："中药蜜丸能否压成片剂？"郑启栋略一思考说："可以。"

1951年秋，中央土改工作团回北京后，乐松生立即派他的表弟、北京达仁堂药店副经理廖东生将一份银翘解毒丸的药料送给郑启栋，请他改制成片剂。郑启栋把药料在北大药厂片剂车间粉碎，加些结合剂制成颗粒后压片，每片0.5克，16片相当于蜜丸一粒。由于没有进行提炼，实质上和中药丸没有什么区别，但这得到了一个提示：必须分析中药药味的有效成分，按配方将药味的有效成分提炼出来，去掉杂质，再制成片剂。这样既保证了疗效，又缩小了体积。

后来乐松生邀请郑启栋前往北京东华门大街的一个餐厅共进午餐。简单的饭菜后引入了正题。乐松生说："我们一起搞中药剂型改进吧！我想请你来主持这项工作。"郑启栋本想和乐松生合作进行科学研究，并没有想过具体主持这项工作。但他想这项工作很有意义，自己又是学生物化学的，也许能胜任，就接受了乐松生的邀请。乐松生心中的一块石头落了地，科技人员有了，他觉得非常高兴。他们又详细地研究了具体进行步骤。

郑启栋经过一段时间紧张的思考、推敲，拟订了《中药剂型改进研究工作的初步方法和进行步骤》，并与乐松生一同讨论研究，从中药材的质量分析到提炼方法，从保证药效到体积大小，从生产过程到购置设备，最后取得了一致意见。高兴之余，乐松生又想到了另外一个难题，资金问题怎么解决。让北京同仁堂投资吗？这可能性太小了，他向郑启栋介绍了几件事，而这几件事也正是他筹划之初举棋不定的重要原因。

1921年，乐笃周到法国留学，学的是商业管理，他对资本主义的经营管理方法产生了浓厚的兴趣。回国后，看到同仁堂家、店不分的管理方法有很大弊病，生产方式又很落后，于是就提出了改进意见。首先建立化学研究室，聘请专门研究药剂的化学专门人才，将各种药材提炼后再作分析研究，以便更好地利用，然后购置机器设备改进生产。这个意见一提出，在乐家立即引起一场轩然大波，什么"忘掉了祖宗了！""异想天开了！""不把长辈放在眼里了！"铺天盖地对准了乐笃周。乐笃周遭族人反对后，就想自己办，直到 1928 年也没有筹到资金。

乐松生说："我在同仁堂只有 1/16 的股份，如果族人反对，我还是无权做主。股东多，不容易取得一致意见。""能不能再想想其他办法呢？"郑启栋说。

"堂兄乐肇基也有改进中药制造的想法，可以和他商量商量。我在达仁堂有 1/5 的股份。"乐松生对郑启栋说。

乐松生筹划就绪以后，向彭真详细谈了自己的想法和工作进展情况，彭真鼓励说："关键是保证质量，提高疗效，要讲科学。"又说："先干起来，有问题找我。"

1952 年 7 月 1 日，乐松生与郑启栋一起到了天津，与天津达仁堂药店总经理乐肇基详细讨论了中药剂型改革问题，方案趋于成熟了。最后决定，天津达仁堂投资搞基本建设，并每月拨 1000 元作为活动经费；地点设在北京前门外杨梅竹斜街 42 号，名称为天津达仁堂国药总店驻京办事处国药改进研究室。

从天津回北京后，乐松生正式聘请郑启栋任研究室总工程师，但北大方面委婉谢绝了："可以合作研究，我们也需要郑教授。"乐松生急了，真是万事俱备，只欠东风。他马上找到彭真，在彭真的支持下解决了问题。1952 年 10 月 1 日研究室正式挂牌，开始了研制工作。乐松生自任研究室主任，郑启栋任总工程师，还有两位工程师和一位药剂师、一位练习生。乐松生提出先以达仁堂的传统中成药香莲丸、银翘解毒丸、黄连上清丸、女金丹四种丸药进行改制片剂的研究和试制。乐松生等一边着手查资料，一边进行科学实验工作。工作难度相当大，如薄荷是银翘解毒丸配方中的一味药，其主要成分是薄荷油，具有疏风、清热作用。实验中要提取薄荷油，没有合适的油水自动分离器，他就先试用洗眼壶等玻璃小器皿，结果也分不出油来。后来自己用玻璃管烧制了一个仪器，才得到少量的油，以后才用提油器。

实验，失败，再实验，反反复复，经过近半年的艰苦工作，终于完成了银翘解毒片、黄连上清丸、女金片、香莲片四个配方提炼生产方法，制出了合格的产品。前人没有搞成的片剂生产，乐松生和他的同事们终于搞成了，一种体积小、疗效好的中药片剂终于问世了。如2片银翘解毒片共1.2克，其药效相当于银翘解毒丸1丸，而1丸银翘解毒丸按传统中药计量方法重3.2钱。片剂的制成是一大贡献。与此同时，他们还成功地总结出一套中药提炼方法，为发展和推广中药剂型改革奠定了基础。

新事物的发展不会是一帆风顺的。1953年4月，乐松生把上述四种片剂的科研、生产、化验、临床等材料上报有关部门，希望批准批量生产时，却没有得到同意。

乐松生心急如焚，这不是要半途而废了吗？他急急忙忙找到彭真，全面汇报了国药改进研究室的工作，并提出了自己的希望和要求。彭真没有当面表态，只是要乐松生把有关材料交给他。临别时，彭真与乐松生紧紧握手，乐松生从中感到一股力量。同年7月，中央卫生部正式下文批准生产，乐松生从心里感到高兴，他与彭真之间的关系更为密切了。就连自己的家务事也乐于向彭真唠叨唠叨，彭真在百忙中也经常抽空和乐松生聊聊。

　　为准备小批量生产，在杨梅竹斜街研究室的后院安装了立式小锅炉，把大水缸改造成浸出器，添置了双层蒸发浓缩锅、单冲压片机等设备。同时招收了九名青年工人，开始批量生产。1953 年 9 月上述四种片剂出现在首都医药市场上。

　　1955 年 5 月达仁堂国药提炼厂正式建成，开始了中药片剂的生产。

济世传家的"大宅门"

——"白敬宇药行"

———

魏世元

前不久，40集电视剧《大宅门》在中央电视台黄金时段播出，颇受人们的关注。看着电视剧《大宅门》，不禁使我想起了在中国近现代史上，确有一个名副其实的中国医药世家——白氏家族，即闻名中外的"白敬宇药行"。

"白敬宇药行"的创始人——白瑞启

白瑞启和白泽民父子两代人为"白敬宇药行"的发展壮大倾注了毕生的精力和心血，为继承和发扬祖国的中医药事业做出了巨大的贡献。

白锡昌（1874—1953），字瑞启，是一位开明的实业家。他受当时实业救国思想的影响，决定从自己做起，通过发展实业努力改变中国的落后面貌，于是继承祖传的制药技术，在家乡定州创建了"白敬宇药行"。

白瑞启是白敬宇的第十五代传人。白氏的祖先是西域信奉伊斯兰教的穆斯林，利用从阿拉伯人那里学来的制药技术以行医卖药为生。在成吉思汗进军黄河北岸以后，西域各民族纷纷随迁，白氏的祖先也迁居到河北定州，子孙后代都继承祖业，成为当地的名医，并在世代行医制药的经历中不断总结、发展，逐步丰富了行医制药的经验，传到白敬宇这一代已自成一家，尤以"白敬宇眼药"独树一帜。白瑞启继承了这份祖传的医药遗产，发展制药事业，就是要实现自己造福民众、报效祖国的夙愿。

"白敬宇药行"以研制眼药为主，使用"金羊"牌商标，并能生产多种中成药，在河北省的定州、安国一带销售，渐渐树立了良好的信誉。清末民初时，虽然生产方式仍是手工业作坊的形式，但已发展到有300多工人的药厂，药品的种类也不断增多，有瓜子眼药、棒状草库眼药、粉状高级八宝眼药等，此外还有红灵丹、明目丸、黄连上清丹、牛黄解毒丸、追风膏等90余种丸散膏丹，经营日见规模。民国时期，医药世家白氏家族已成为定州的首富了。

白瑞启生有二子四女。长子白国恩号泽民，次子白国庆号双十，前三个女儿早亡，1944年农历正月他年届七旬又喜得一女，取名"稀一"，意在古稀之年又得一女，另取学名国华。从给孩子起名一事便可见他祈望子女"不忘国恩，报效民众"的一番苦心了。他教育子女要把医药事业当作功德事业，发展医药事业是为了造福万民。他还主张民富不忘报国。他在创业的实践中一直身体力行，乐善好施。1917年，河北省发生大水灾，民不聊生，他及时邀集本县知名人士成立救济会，积极开展救灾活动，带头开办两个粥厂，赈济灾民。并慷慨出资创立孤儿救济院，所需粮食、经费全部由他捐助，还为儿童建立半日制学校。把能劳动的妇女组织起来成立了织席厂，用收入的一部分解决灾民的生活困难，一部分用来改善救济院的生活。一时间，此举在远近乡里被颂为美谈，本县乡邻在他家的门前修建了牌楼、牌坊，以表敬意和谢忱。

当年，冯玉祥的部队驻扎在河北的时候，军纪严明，生活俭朴，与当地百姓关系融洽，很受拥护和爱戴。但部队给养并不充足，连冯玉祥将军本人生活也十分节俭。白瑞启对冯将军的思想开明、为人仗义、治军有方、为政清廉十分佩服，每当看到他的部队有困难时，便慷慨解囊，经常在经济上给予接济和帮助，和冯将军交往密切。不想，因此惹怒张作霖。后来吴佩孚和张作霖组成"讨赤联军"伐冯，奉军到定州时以"赤化"罪名对白氏横加迫害，把白氏在定州的老家抢劫一空，白家虽无奈迁居北京，住在护国寺附近的棉花胡同，但仍未逃离反动军阀的魔掌。1927年，全国处于白色恐怖之下，国民党勾结反动军阀掀起"反共"高潮，张作霖也在北京加紧逮捕、迫害共产党人和爱国人士。白瑞启和次子白双十也在此时被捕，先关在府右街光明殿奉军部队的驻地，后又解往奉天（今沈阳）。1928年，张作霖在回东北的路上被炸毙命。张学良易帜后，幸亏一位在东北军中任军医处处长的本家白仲彬（音）在少帅面前斡旋，白氏父子才得以获释回到北平。白瑞启被捕的那天长子白泽民出去办事，得信未归，幸免囹圄之灾。

善于创新的白氏传人——白泽民

白泽民1905年出生在河北省定州。后来，这个生长在医药世家的青年人却读了法律专业，并毕业于北京朝阳大学法律系。但在父亲实业报国思想的影响下，为继承祖业，他放弃了在大学里所学的法律专业，把精力和才华全部发挥在制药事业上。不同于自己的前辈，他吸收了先进的资本主义经营方式，在药品研制和经营管理方法上进行了改革和创新。他引进机器生产代替手工操作，药品由粉剂改进为膏剂，包装由瓷瓶改为软管，这样使用既方便又卫生，药品的疗效也得到提高。他还增设了印刷车间，改进药品装潢，把药品说明书由刻版改为石印版，再改为铅印，又将"金羊"商标改为遨游四海的"鲸鱼"，并到国家实业部以与"白敬宇"谐音的"白鲸鱼"为商标进行了注册登记，得到法律的保护。白家药业向全国各大经济发达的城市扩展，先后在北京、南京、天津、石家庄、郑州、济南、西安、汉口、长沙等商业繁荣城市设立了"白敬宇药行"。到抗日战争爆发前，已在全国各地发展到 24 家分行。随后白家药业在京汉、京沪等各铁路沿线以及各地的分行做大型广告，并利用报纸、橱窗广为宣传。扇子、草帽也成了宣传工具，每年夏天把大量印有"白敬宇眼药"标志的草帽，分发给人力车夫，既可遮阳，又做广告。由于药品质量好、疗效高，也颇得患者的赞誉，所以在当时"白敬宇眼药"已成为家喻户晓的名药而享誉全国。

日本侵华战争爆发后，北平、天津、南京、汉口、上海相继沦陷，白氏父子被迫关闭各地的分行。白瑞启让白泽民将药厂迁到重庆，自己携家眷暂避香港。谁知，迁至重庆的药厂又遭日军飞机轰炸，白泽民只好在朋友的帮助下又把药厂迁到市郊歌乐山。稍后，抗日形势已明朗，白瑞启也从香港返回内地重庆，定居在歌乐山。虽然形势严峻，但为了发展祖国的医药事业，白氏父子顽强坚持，克服重重困难把药厂维持了下来。

为了度过艰难的岁月，把药厂发展起来，白泽民开放思想，敢于创新，创立了推销员的销售形式，即由推销员把药品带到四川、贵州、云南、陕西等后方各省广为推销，并设立代销点，打开销路，并逐步把这种销售形式加以健全，形成制度。随着推销员制度的不断完善，推销员队伍成为"白敬宇药行"经营中的一支重要力量，为日后"白敬宇眼药"畅销全国乃至东南亚各国奠定了基础。白瑞启看到白泽民既有管理才能，又有对事业的执着精神，甚感欣慰。白瑞启的夫人白邓氏（金玉）也是一位既年轻又精明强干的女性，所以白瑞启逐步引退二线，在他70岁以后就把"白敬宇药行"及各地分行的经营管理大权分别交给了夫人和儿子，让白邓氏在北平正式担任了"白敬宇药行"的北方总经理，白泽民在南京担任了"白敬宇药行"的南方总经理，白双十在西安担任"白敬宇药行"的西北总经理。

白泽民不仅是一位执着的实业家，也是一位积极的社会活动家，这是因为他有着一颗炎黄子孙的爱国之心。

青年时代，在父亲的影响下，他就热心公益事业，关心民众疾苦，又因他在大学是学习法律专业的，所以他一向反对独裁政治，向往民主法治，坚信只有发扬民主，以法治国，才能使国家富强，社会才能安定，人民才有幸福。当看到日本帝国主义侵略者践踏我们的国土，欺凌我们的同胞的时候，他义愤填膺，奋起奔走，积极捐款抗日，投身到抗日救亡的洪流中。在汉口，他与唐柯三、陈敬畲等回族爱国人士组织了"中国回民救国会"，并担任理事，为抗日救国奔走呼号。到重庆后，国民党官僚白崇禧、周子时插手协会，同时蒋介石及国民党政府也横加干涉，当局不承认回族的存在，强令把"回民救国会"改为"回教救国会"。白泽民和唐、陈等回族爱国人士一道，一直坚持为争取回族人民合法的社会地位和政治权利而斗争。在抗日救亡活动中，白泽民结识了马寅初教授、马宗融教授、白寿彝教授等爱国人士，密切配合社会各界贤达共谋抗日救国大计。当时他邀请同在重庆的郭沫若和老舍先生帮助编写一部表现回族人民抗日救国事迹的剧本，以推动民族团结、共同抗日。最后由老舍先生执笔编写了一部话剧《国家至上》，由白泽民出资排练并在重庆公开演出，在社会上引起强烈反响，给国民党当局以很大打击。

1940 年，马寅初先生在重庆大学发表抗日反蒋演说，因而受到国民党当局的迫害，被捕入狱。马夫人找到既是邻居又是朋友的白氏父子，请求保释马寅初先生出狱。父亲白瑞启对白泽民表示不惜一切代价保释马先生，所需经费白家一力承担。白泽民便不顾风险，不辞辛劳地会同社会各界进步人士和社会贤达，为营救马先生出狱而四处奔走。最后在社会舆论的压力之下，蒋介石不得不释放了马寅初先生。

台儿庄会战前夕，全国人民对抗日将士寄予厚望，白瑞启、白泽民父子令在重庆等后方的白敬宇药厂赶制了 30 万支瓜子眼药，捐献给在前线为抗日奋战的爱国将士，表达自己支援抗战的一份心意。

抗日战争胜利后，白泽民以重庆为总行，接收汉口、南京等各地的分行，并建立管理处，改进、完善了管理制度；又设立"新式会计"，健全了财务制度。北京、天津、定州的白敬宇药厂和各地的分行由此迅速地得到了恢复和发展。随后，白泽民又以南京为中心向华中、江浙和广州、香港等地拓展，以"白鲸鱼"牌为商标的"白敬宇眼药"遍及全国各省并远销东南亚各国，曾多次参加国内外的展览会。1947 年在巴拿马万国博览会上首次获得国际金奖，首开中国医药产品走向世界并在国际上获奖之先河，为中医中药在国际上赢得了殊荣。此后，国民政府实业部也给"白敬宇眼药"戴上了各种桂冠。"白敬宇眼药"先后共获得各类奖状、奖章 20 余种。此时的"白敬宇眼药"已享誉中外，"白敬宇药行"达到了鼎盛时期，白氏父子成为中外闻名的实业巨子，被誉为"中国眼药大王"。

新中国诞生时，白泽民正在香港，但他关心祖国的发展。当他得知毛泽东主席关于民族工商业的政策时，感到其为工商业者指出了一条崭新的道路，便毅然决定回祖国内地。1952 年，他从香港回到南京，党和政府欢迎他回来参加祖国的经济建设。他在省委、市委统战部的帮助下，认真学习了党的方针政策，参加了中国民主新中国成立会，他拥护党对资本主义工商业的改造政策，积极带头接受公私合营，并多次在南京的中小工商业者会议上发言，谈与共产党合作共事的亲身体会，起到了一个爱国工商业者的带头作用。对他的爱国表现，党和政府给予很高评价，选举他为江苏省人大代表、省政协副主席、南京市工商联主委以及南京伊斯兰教协会理事。

公私合营后，白泽民任南京第二制药厂副厂长。他十分关心厂里的生产。在帝国主义对我国实行经济封锁的情况下，原本全靠从美国进口的冰片断了来源，白泽民决心搞合成冰片，走国产化道路。他聘请高级药师刘文勋、邓庆华等，亲自带他们去广州学习冰片合成技术，并建立了人工合成冰片车间，大量生产冰片，不但解决了生产眼药的原料问题，还能出口创汇。"白鲸鱼"牌冰片质量好、信誉高，被誉为名牌产品，出口到中国香港地区和东南亚各国。

北京的老字号

肖北谐

北京自从成为都城之后，历经元、明、清三代不断营建，逐渐变成商业发达、经济繁荣的消费城市。其间出现了不少驰名中外的老字号。这些老字号各有一番不平常的经历，各有一套独到的经营方法。它们产销合一，勇创名牌，保证质量，服务周到，使它们的产品历久不衰，至今仍为广大消费者所喜爱。

久享盛誉的中药店

在北京，同仁堂药店几乎家喻户晓，它与杭州的胡庆余堂、广州的陈李济、汉口的叶开泰，并称中国四大药店。

同仁堂创办于清初，为乐尊育所创。乐氏原姓岳，祖籍浙江绍兴。明朝末年他孤身一人来到北京，以走街串巷、行医卖药为业，长期栖身于前门外大栅栏的一个客栈。客栈主人姓乐，山西人，身边无子女，仅有老妻相伴，靠招待来往贩卖药材的客商为生。岳某每次到京，便在此处落脚，如此 20 余年，与乐老夫妻相处甚好，颇受老夫妻的信任。清朝初年，乐老夫妻回籍省亲，乃将店铺委托岳某代为照料。乐老夫妻一去不返，杳无音信。岳某遂改姓乐氏，继承了这个客栈，并取名"同仁堂"。康熙己酉年（1669 年），同仁堂由单纯的客栈改为兼带行医卖药。

乾隆十八年（1753 年），同仁堂失火，被烧成一片灰烬。在此之前，乐尊育的孙子乐礼因病亡故。失火后，乐礼长子亦故去，只剩下张世基的女儿乐张氏和她的幼子。张世基原姓程，因过继给清宫御药房领班张清一而改姓。张清一死后，张世基承袭了御药房领班的职务，每年代收代购送往宫中的药品。当时供奉的药品用的是育宁堂药店的名义。自从张世基将女儿嫁给乐尊育的孙子乐礼以后，张乐两家的关系变得密切起来。同仁堂失火后，张世基为了维持同仁堂这块招牌，也为了接济自己的女儿（乐张氏）和外孙，在官府的支持下，招商承办同仁堂，他出资两万两银子，重新修建了同仁堂。同仁堂由此易手。

道光十四年（1834 年），同仁堂第二次失火，张家又奏请宫中预支药银四万两，重新修建同仁堂。这时，张姓尚存股金一股半，乐姓有一股。后来，其他的几股逐渐折损，由乐家收买，出现了乐氏重掌同仁堂的趋势。

同仁堂靠张家在御药房的关系，渐渐地向宫中渗透，但宫中供药的主要来源，还是育宁堂。咸丰皇帝奕詝继位，凡带"宁"字的均要避讳。育宁堂因犯圣讳，不准再由它供给宫内所需药品。从此御药房用药改由同仁堂供给，同仁堂就此兴旺起来。

北京早年民间流传着这样一种说法："要吃丸散膏丹，请到同仁堂；要吃汤剂饮片，请到鹤年堂。"鹤年堂总店设在今宣武门外菜市口，相传创办于 400 多年前的明代嘉靖末年。据说，鹤年堂原来是严嵩花园内的一个厅堂的名字，堂悬漆匾，为严嵩亲手所书。严嵩败落后，这块匾流于民间，后来成为药店的名字，至今还悬挂在鹤年堂内。

从清代起，菜市口被封建统治者作为处决犯人的刑场。据说，鹤年堂因位于菜市口，所以曾经担负过一项非常奇特的职责，那就是负责设宴招待行刑的刽子手和监斩的官员。每逢官家行刑杀人，鹤年堂都在头一天得到这样的通知："明日有差事，准备酒菜，日后付款。"鹤年堂接到通知后，不敢怠慢，马上准备美酒佳肴。第二天，监斩官刽子手们在未杀之前，先齐集鹤年堂大吃大喝。吃喝时把刑具、大刀陈列在柜台上。酒足饭饱后，便大摇大摆地走上断头台。开斩那天，街市两旁商店闭门停业。地上、房上人头攒动，观者如堵。死者家属多向刽子手馈以厚礼，请他们在人头落地时，用一个大馒头塞住脖腔，以防鲜血喷出。鹤年堂为此还曾被人误认为卖过人血馒头，或用人血馒头制药。这当然是好事者杜撰出来的。

鹤年堂在400多年的历史中，股东多次易人，其最后一位股东是刘一峰。刘是在1927年从王、于二位股东手中把鹤年堂购买过来的，经过整顿，生意极为兴旺。刘的父亲刘辅庭曾任过同仁堂经理，所以鹤年堂的丸散配方和炮制，与同仁堂大致相同。

清末民初，北京流传着这样一个顺口溜："三伏热，您别慌，快买闻药长春堂，抹进鼻内通肺腑，清暑祛火保安康。"所谓闻药，就是长春堂药店生产的避瘟散。避瘟散是一种消暑清热的凉药，为红、白粉面，使用者只要用手捏一点，往鼻孔里一揉，闭口深吸气，立刻觉得一股清凉气息从鼻而入，沁人肺腑，顿感周身凉爽舒适。长春堂也便因出售这种闻药而闻名于世。

清朝乾隆末年，有个名叫孙振兰的游方郎中，从山东老家来到北京走街串巷，行医卖药。由于为人精明和气，不久便在前门外长巷头条开了一家小药铺。当时以卖闻药为主，生意日渐兴隆。小药铺传到孙振兰的孙子孙崇善手中经营时，由于孙崇善研制出一种新的闻药——避瘟散，而使长春堂名声大振。

约在 1914 年前后，日本商品大量倾销我国市场，其中就有祛署的人丹和清凉闻药宝丹，对长春堂出售的闻药冲击很大。孙崇善暗想："偌大的中国，难道就造不出类似人丹、宝丹之类的药吗?"他日思夜想，潜心摸索，决心要创出一种新药来与日货争夺市场。

孙崇善，号之明，因曾在房山县顾册娘娘庙受戒，做了火居道士，故经常出入庙宇。一天，他猛然间发觉佛像前烧的香味儿很好闻，于是他便把香条研碎试闻，觉得香面又粗糙又干燥，很不理想。为此，他专门去请教在日本人开设的川田医院里工作的华人药剂师蔡希良先生，请他帮助研制。几经试验，在香面中陆续加入多种药物，终于试制成功了一种新的闻药——避瘟散。

1925 年五卅运动抵制日货，避瘟散也起了作用。到 1933 年左右，避瘟散终于取代了日货宝丹而独霸市场。

七七事变以后，北平沦陷，日本人限制避瘟散向各省邮寄，长春堂闻药销售量骤减，由每年 250 万盒，下降到 64 万盒。日本人并未以此为满足，又将经理张子余绑票，强迫长春堂以两百两黄金赎身。事后不久，长春堂因不慎失火而付之一炬。日本投降后，军统特务马汉三，又以莫须有罪名将张子余关押，张家花了三百两黄金才将张子余赎出。长春堂屡遭劫难，从此不振。

新中国成立后，长春堂枯木逢春，重放异彩。

名扬京畿的鞋帽布店

新中国成立前，北京的上层社会里流传着这样一句话："头顶马聚源，脚踩内联升，身穿瑞蚨祥，腰缠四大恒（四大恒指旧北京的四个钱庄）。"

先说瑞蚨祥。瑞蚨祥是北京专营绸布皮毛的大商号。1870 年前后，由山东章丘人孟鸿升在济南创办。当时，规模很小，名称瑞蚨祥布店。约在 1890 年，孟雒川（孟鸿升之子）派人到北京，在前门外鲜鱼口内租房设庄，批发大捻布。由于大捻布适合社会需求，兼之经营得法，因此生意做得很顺手。没几年，瑞蚨祥布店因买卖兴隆而改名为瑞蚨祥绸布店。到了 1895 年，瑞蚨祥绸布店在北京大栅栏正式开设门市部。1900 年，八国联军攻入北京，烧杀抢掠，大栅栏变成一片废墟。瑞蚨祥遭此浩劫，无力出资恢复，准备将门市部撤销，后经多方襄助，重新开业。开张后，除经营绸缎布匹外，兼营进口商品，如呢绒、钟表、化妆品等，成为一个综合性商店，每日销货额高达数千两现银。这在北京的同行业中，是首屈一指的。

瑞蚨祥经营范围广，生财有道，上自达官贵人，下至平民百姓都是它的销售对象，成为北京财力雄厚的大商号。新中国成立后，公私合营。至今仍顾客盈门，兴旺发达。

再谈内联升，道光咸丰年间，河北省武清县（现为天津市武清区）有个名叫赵廷的，自幼在一家制鞋作坊做学徒，人本心灵手巧，又肯刻苦钻研，很快就掌握了制鞋的全面技术。后来因不愿寄人篱下，遂萌发了自己开业的念头。经过走亲访友，暗中筹措，于 1853 年冬天在北京东交民巷（今台基厂）正式创办内联升鞋店。为了起内联升这个字号，赵廷曾煞费苦心，到处求教。"内"指大内，即清朝的宫廷，用"内"字来标榜自己的鞋店与众不同，说明它是供奉宫廷用鞋的鞋店。"联升"则是取"连升三级"之意，是为了迎合当时官场中追逐功名利禄之辈幻想平步青云、连年升发的心理。故在民国以前，内联升主要是为当时的皇亲贵戚、京官外官制作靴鞋。清王朝垮台后，靴鞋被淘汰，内联升改做礼服呢面和缎子面的千层底鞋，服务对象仍是前清遗老和新权贵、政客及富贾豪商等。这种千层底鞋价值现洋三元多，那时一袋面粉才卖一块多，所以普通劳动人民是穿不起的。

内联升为了打开销路，一方面力求选料精美，做工精细；另一方面挖空心思，专门收集王公贵族和知名的京官外官的鞋子尺寸、样式及特殊喜好（如当时袁世凯等人的鞋码，在鞋店记事簿上都有详细记载），汇编成册，名曰"履中备载"。内联升由于对上层人物服务周到，所以逐渐扬名京外，大发其财。

1900 年，八国联军侵入北京，东交民巷成了一片火海，内联升在劫难逃，毁于一旦。赵廷又施展当年开业之法，很快又筹集到一笔资金，在奶子府重新开业。1912 年 2 月，袁世凯发动北京兵变，内联升被抢掠一空，从此一蹶不振。后来迁往前门外廊房头条，惨淡经营，直至新中国成立。

旧北京帽店很多，马聚源虽然出名，但赶不上黑猴儿帽店。据传说，明末清初，北京西山脚下住着一个猎人。一次，他在深山狩猎，遇上一只类似猴的怪物，便将它射死带回家中。后经一位老人指点，才知道这个黑怪物名叫墨猱，其皮十分珍贵。于是，猎人将墨猱皮卖给了一个大官，得到一笔很可观的钱。猎人用这笔钱开了一个帽店，买卖十分兴旺。为了感谢小怪物带来的好处，猎人用木头做了一个墨猱摆在店前。过往行人不识墨猱，看其类猴，就称之为黑猴儿，后来便成了帽店的字号。这不过是一个杜撰出来的故事罢了，其实黑猴儿帽店另有一番来历。

明朝末年，从山西来了一个做帽子的手艺人，落脚在鲜鱼口内，开了一个小帽店，字号是杨小泉，买卖做得还过得去。这个手艺人没有什么嗜好，只是养了一只黑猴儿常随左右。由于他做活非常认真，从不偷工减料，帽子质量深受顾客好评，买卖越做越红火。天长日久，杨小泉帽店的名声渐渐传开，来往顾客虽不知手艺人的名字，但只要一提那个"养黑猴儿的"，人们就自然知道是他。后来，猴子和手艺人相继过世，后人为了保住帽店声誉，就在店门口用木头做了一个黑猴儿，用以招揽生意。果然事从人愿，帽店买卖很是兴旺。

入清以后，社会生活日趋安定，商品经济也随之迅速发展起来，人们对鞋帽的需求不断增加，特别是清朝贵族及八旗官兵需要大量的皮帽、毡帽，杨小泉帽店生产的帽子满足不了市场需求。于是，有人仿效杨小泉帽店开办了杨少泉帽店（亦在鲜鱼口内）。杨少泉帽店为了招揽生意，取得信誉，也在店门口安放了一个木制黑猴，买卖因此兴隆，甚至超过了杨小泉帽店。

杨少泉帽店的出现，使不少人看到，经营黑猴儿商品，有利可图。于是，又有人办起了田老泉帽店（也在鲜鱼口内），亦在门前摆出一只木制黑猴。帽店的字号由小而少，由少而老，一个比一个"辈"大，规模也一个比一个大，大有后来者居上的趋势。发展的结果是，田老泉帽店由于资本雄厚，经营品种齐全，没用多长时间，就迫使杨小泉帽店倒闭，杨少泉帽店也越来越不景气。而黑猴儿商品却越来越红，为京内外顾客所喜爱。

中华人民共和国成立后，鲜鱼口内的几家帽店都合并到震寰帽店。杨少泉帽店和田老泉帽店前的两个木制黑猴儿，也移置震寰帽店门前。1957 年，木制黑猴儿被说成是为资本家树碑立传而被取缔。"文化大革命"开始后，黑猴儿商品又被当作"四旧"，遭到"横扫"。1980 年，震寰帽店的退休老工人，在房山县琉璃河办起琉璃制帽厂，继续制作黑猴儿牌帽子，年产各种剪绒皮帽万顶以上，由前门大街各家帽店经销。

闻名遐迩的文化店

北京既是一个消费城市，又是一个著名的文化城市，历代文人墨客云集在这里，因此北京的文化用品商店也随之兴旺起来，其中以荣宝斋、宝文堂、老二酉堂较为著名。

荣宝斋的前身是松竹斋，创建于 1672 年。创办松竹斋的是一个姓张的浙江人，他因在京为官，有一些积蓄，于是就拿出一部分钱来开了这个专门经营文房四宝的商店。

松竹斋除经营文房四宝外，还做一种名曰"挂笔单"的生意。所谓笔单，就是书画篆刻家们经过名家推荐订出其作品出售的价格标准。松竹斋代客订购这些作品，可以从中得到提成。同时，挂笔单的书画篆刻家们又都在松竹斋购买纸墨笔砚等文化用品。仅这两项就可以使松竹斋获得一笔相当可观的收入。但是，松竹斋的主要收入还是靠经销信纸、信封、稿纸、仿纸、扇面等大众化的文化用品。经过多年经营，松竹斋不但蜚声士林官场，而且连喜欢附庸风雅的普通人，也都以光顾松竹斋为荣。

松竹斋的店主毕竟是官宦人家，不谙经商为贾之道，尤其是张家的后代，好交游，广结友，挥金如土，耗费了不少资财，再加上鸦片战争以后，社会经济越来越不景气，当年门庭若市的松竹斋逐渐出现了难以维继的局面。店东为了把这个声誉卓著的老店维持下去，于 1894 年，取"以文会友，荣名为宝"之意将店名改为荣宝斋。

民国以后，荣宝斋为了扩大经营，除大力充实北京总店以外，先后在上海、天津、汉口、南京等大城市开设分号，并精选熟悉业务的人员担任经理，广泛发掘，收藏珍品，与许多书画界名家来往甚密，为他们广开方便之门，获得很高的声誉。

荣宝斋的业务搞得最有起色而扬名于海内外，还是 1933 年以后的事。那时，荣宝斋继承中国传统印刷术，经营木版"彩印诗笺"信笺（供文人雅士书写函札、填词作赋使用），被鲁迅、郑振铎两先生赞为诸笺肆中之"白眉"。鲁、郑二先生甚爱刻印精美的笺纸，经过不断收集，编成《北平笺谱》，竟无人愿意为之出版，最后还是荣宝斋慨然承诺。

抗日战争开始，日寇侵入北平，荣宝斋的业务再度衰落，几处分店也急转直下。到中华人民共和国成立前夕，北京总店负债累累，濒于倒闭。

中华人民共和国成立后，在人民政府的帮助下，荣宝斋起死回生，日放春晖，为海内外顾客所瞩目。

提起北京的老二酉堂，今天的青年人恐怕知道的不多。

老二酉堂创建于明朝末年，中间几经易手，到清代光绪年间，被一个名叫陈荫棠的人接办。陈某最初只是印售木版唱本（京剧唱词选段）。这些唱本虽不能登大雅之堂，但颇受粗通文字的广大市民、店员、职工和农民的喜爱，又因印制唱本成本低，发行量大，获利快，所以老二酉堂很快就赚了一笔钱。

后来，陈荫棠结识了清宫内的一名太监，靠这个太监帮助，承揽了给清宫装订玉牒的业务。玉牒是皇室的家谱。装订玉牒用的纸是专门为皇室生产的榜纸。这种纸比最好的宣纸还要好，每张约合四块银圆。老二酉堂借着装订玉牒的机会，藏匿了大量的榜纸。清廷覆灭后，就用来刊印古籍，同时出售给书画家写字作画，因而发了一笔大财。

民国期间，陈荫棠还将经由那个太监之手弄到的清廷殿版《四书》《诗经》等书翻印出书。殿版《四书》《诗经》原是清廷御制的非卖品，多发给八旗子弟上学使用，也分送给满汉大臣，一般人是得不到的。老二酉堂因此走红。陈荫棠看到印制古籍有利可图，便大量印制古籍，同时非常重视出书质量，很快就成为北京红极一时的古籍书店。

七七事变后，北平沦陷，日本侵略者听说老二酉堂存有榜纸，便登门敲诈，使老二酉堂蒙受巨大损失。解放后老二酉堂并入新华书店。

宝文堂对于今天的青年人来说并不陌生，至今还经常可以见到出售宝文堂印制的通俗读物。

宝文堂开创于道光年间，以经营账本为主。至同治初年，因业务不振，亏损太多，濒于破产。1866年，刘水福（中法战争中著名的黑旗军首领）出资，委托他在京城的同族兄弟刘永和把宝文堂接收过来，改为以经营图书为主的书铺。后来逐步发展成为一个能够印刷、出版、发行的书店，以出版古典通俗文艺读物为主，服务对象主要是广大农村读者。

1929年以后，宝文堂出版的木版书因受上海出版的铅印、石印书竞争的影响，在农村也不太受欢迎了。在市场竞争面前，宝文堂锐意改革，借款购置铅印设备，发展出版发行业务，使宝文堂在强手如林的情况下立于不败之地。

九一八事变以后，宝文堂编辑、出版了大量抗日文艺丛书，联合各地说唱艺人，随说，随唱，随卖。这种方式深受广大农民群众的欢迎。说唱读物由于出版周期短，供货及时，销售地区广，发行量很大。七七事变后，北平陷落，日本宪兵队曾到宝文堂翻箱倒柜，检查抗日书籍。因宝文堂早有准备，将《大战喜峰口》《马占山抗日救国》等宣传抗日的书籍转移收藏，使日寇一无所获。

新中国成立之后，宝文堂公私合营。1954年，经中央批准，宝文堂与中央一级的通俗读物出版社合营。1958年，通俗读物出版社撤销，宝文堂成为中国戏剧出版社的一个附属出版机构。"文革"后，经国家出版局批准，又恢复了宝文堂的名义，继续出版通俗文艺读物。

解放前，北京的老字号多如牛毛，遍布街巷。经营得法、闻名于世的亦不在少数。本文虽然仅从三个方面，介绍了九个老字号，但由于它们都有一定的代表性，抑或能使读者从中多少了解一点有关北京老字号的情况。

一斧扬名的乾盛俊鞋店

———

董文钧

解放初期，洛阳老城南大街有一家"乾盛俊"鞋店，经理名叫张义斋。其祖父张子俊原在洛宁县开设鞋帽店，于清朝光绪年间将该店迁至洛阳城内。张家人常说：信誉非金钱能买，坑人蒙人发不了财，咱的鞋好坏，穿过的人最有发言权。该店的鞋底、鞋帮都是由自家的工匠制作，从不包给外人加工。鞋底一律用新包皮布，下料宽绰，一点旧铺衬也不用。绱鞋用的全是萱麻绳，穿着后永不绽帮。张子俊对纳鞋底针脚的密度和绱鞋的针数要求极严，每天都要亲自验看工匠做的活。民国初年，陕县的一个鞋贩一日数次来该店看货。张子俊看透了来人的心事，在洽谈时随手从货架上拿下一双鞋，用斧头将其剁成两截，切口处露出白花花的衬茬。该鞋贩疑虑顿消，不再多言，生意立即成交。乾盛俊的名声从此大振，产品畅销豫西、晋南一带。到1937年，该店的工匠已从原先的6名增至30余名。

旧上海的五大书店

———

朱联保

　　解放以前，书业中人对规模较大的商务印书馆、中华书局、世界书局、大东书局、开明书店这五家，简称为商、中、世、大、开。

　　商务印书馆发行所，早期在上海福州路、山西路（直锦里）口，1902 年迁至河南中路，1912 年搬入自建的四层五开间房屋，即今河南中路 211 号门牌。中华书局发行所，早期在河南中路的九江路、汉口路之间，1916 年搬入河南中路福州路转角自建的四层房屋与商务毗邻，即今河南中路 221 号门牌。世界书局发行所最早在福州路怀远里（今世界里）口东边，1932 年迁入福州路 390 号。大东书局发行所，原在福州路怀远里口西边，1931 年搬入福州路山东路口时报馆楼下五开间门面（有正书局旧址）。开明书店发行所，最早在福州路山东路口东边，后来搬入福州路 278、280、282、284、286 号五开间门面。抗日战争后，缩小门面，搬至同路 268 号一开间门面。

旧时德州澡堂业

王耀荣　关家利

起源和兴衰

德州澡堂始建于清朝初期，距今已有 300 余年的历史。最早的澡堂地点在羊市街路西，系豪绅马姓所建，专供马氏宗族沐浴之用。后因德州地处九省进京必经之地，商贾仕宦经过甚多，清嘉庆年间，马氏便将自家的浴池扩建后对外营业，字号"孺歌池"（后赵荷清接管改名为"荷清池"）。晚清、民国时期，郜国栋在桥口街开设"山泉池"，邹晋在大西门角开设"裕德池"，刘长清在车站街开设"清华池"，马惠吉在马家溜口街路南开设"玉清池"，李自珍在大西门外开设"清莲池"，陆振河在金家鼓棚街开设"新华池"，王长春在马市街路西开设"玉壶春"池堂，德州澡堂业渐成气候，其中以荷清池、玉壶春两家营业最佳。

日本侵占德州后，很多商号被抢，山泉池、新华池、玉清池、裕德池相继停业。1938 年，日本宪兵队翻译陈永惠与地痞恶霸陆振河勾结，强行霸占了清莲池，并将字号改为永清池；同年，北平巨商金希臣来德在马家大井街新建京式大浴池，字号"颐园池堂"，因设备完善，营业额很快居德州澡堂业之首；1940 年，王长春又在南门东街开设了中心池，澡堂业有所复苏。

抗战胜利后，国民党政府为适应内战的需要加紧搜刮，造成货币贬值，物价飞涨，工商业受到致命打击，澡堂业又濒临倒闭危机。至德州解放前夕，仅余颐园、益友、明伟三家勉强营业，已处于朝不保夕的境地。

经营方式

当年澡堂的标志是在门前竖一高杆，上挂红灯。早晨挂起红灯即表示开始营业，夜晚需将红灯点亮（晚清时期是用棉油灯碗照明，民国以后改用煤油灯）；如将灯落下（谓之"落灯"），即表示停止营业了。

解放前的澡堂子只有男部，没有女部，一般设有雅座和池座（普通座），个别澡堂设有单间。单间设备新颖，房间舒适雅致，卫生条件甚好，每间有两个座席，服务周到热情，为当时最好的座席，服务对象多为高官、巨商、地主、豪绅，澡费高于雅座一倍；雅座设备一般，卫生条件较好，服务热情周到，澡费高于池座，服务对象多为一般军政官佐、商人和不以劳动收入为生的中上层人物；池座设备简陋，卫生条件、服务均一般，但澡费较低，服务对象多为平民、工人、小商人等劳动人民。

为了招徕浴客，不论池座、雅座，都要保持清洁卫生，光线明亮，使浴客感到舒适幽雅。为保持冬暖夏凉的适宜温度，冬季以煤火炉取暖，夏季则用手拉吊扇降温。吊扇是以长三至四米的长方形木架，外用白布包裹，下垂棉织物，吊挂在房顶上，用人力使之摆动，起到扇风乘凉的作用。

浴池无高低之分，一般是建两个方形水泥池（一温一热，深60～70厘米），并备有脸盆专供洗头、冲身之用。

澡堂的照明设备最早用棉油灯或蜡烛，后发展到用煤油灯。日本侵华时期德州有了电灯，但由于电力不足亮度很差，时明时暗，有时停电，所以有些澡堂备有汽灯或电石灯照明。当时浴池无自来水及锅炉，全靠烧火工人在夜间用辘轳将井水提入池内，然后用煤火将池水烧热，白天还要保证池水温度适宜。故当时澡堂的烧火工人很少有休息时间，最为劳累。

那时澡堂的经营方式是先洗澡后交费，浴客除付澡费及搓背、理发、修脚等费用外，还要付小费，也叫"小柜"。小费多少无具体规定，一般根据服务态度的好坏而定，也与浴客的慷慨与否有关。给小费多的，服务员则高喊"小费"若干（指钱数多少），其他服务员则答一声拖长音的"谢"字；如遇不给小费的，服务员则喊"小柜没有"！使浴客难堪。因当时澡堂雇工并无工资，全靠小柜收入养家糊口，故洗澡时付小费是社会公认的一种不成文的规定。澡堂内除设有搓背、捏脚、修脚、理发等服务项目外，还免费供应白开水，但沏茶者另收茶叶费。

旧社会澡堂业营业时间甚长，上班约在早5点，下班多在晚10点。孺歌池有一副对联曰："金鸡唱时群贤毕至，云牌（一种铁铸的牌子）敲处沧浪澄清。"说明鸡叫时云牌声响营业就开始了。冬季和年关其营业时间更长，一般在早4点至晚12点，落灯后还要有1小时左右的整理时间。由此可见旧社会澡堂雇工的劳动是很繁重的。那时，澡堂的营业状况随季节而变化。冬季是旺季，年关是黄金季节，至期澡费都要提价，其幅度一般上涨三分之一左右。但到夏季，营业萧条，甚至入不敷出。这时，有的澡堂借机停止营业，修理内部，雇工们只好另谋职业以维持生计。

规章与雇工制度

澡堂的规章是很严格的，大致有如下内容：

接待浴客，主动热情，态度和蔼，服务周到，不准与浴客争吵，不但要做到打不还手、骂不还口，而且还要恭而敬之；

除在店内吃饭和上厕所外，不得擅离工作岗位，更不准随便外出及接待亲友；

工作时间只准站立，不准坐卧，中午无休息时间，不准打瞌睡；

讲究个人卫生，切忌饮酒、吃生蒜及有异味的食品，以免异味袭人；

不偷不拿，拾到东西交柜；

亲友洗澡，一律交费；

请假不能分小柜，工伤和患病一切费用概由自理。

澡堂雇工分为技术工（如理发工、修脚工等）、服务员、勤杂工（如烧火工和烧茶炉的）及童工等，一般有二三十人，多者50余人。掌柜的把他们看成是"借地生财"的临时工，雇工若认为这里不好可以辞职到别处去干，掌柜的也可以随便辞退之。

澡堂的收入有大柜、小柜之分。大柜为澡费收入，归掌柜的所有，浴池的一切设备、修缮、用具、燃料的购置概由掌柜的负责。小柜收入包括搓背、理发、修脚及小费等项收入，归全体人员分配，当日即分。其分配标准按技术高低、能力大小、劳动表现为依据，由掌柜的及各工种的头目们评定。其等级以股为单位，掌柜的为1.5股，总头目为1.3股，分头目为1～1.3股，技术工为0.8～1.3股，服务员一般为0.5～1

股，学徒工为 0.1 ~ 0.5 股，童工仅得 0.05 股。每年年终，掌柜的还会根据一年盈利的多少，给那些业务水平高的雇工，及对澡堂做出一定贡献的大小头目们，相当于一个月收入的馈赠，一般雇工是得不到这种馈赠的。

业内人的苦恼

早年的澡堂子是杂乱之地，前来浴客良莠不齐。那些最早到澡堂子洗澡的人多是些狂嫖滥赌鬼混了一夜后到澡堂子去休息的嫖客、赌棍。特别是日伪时期，社会混乱，汉奸、特务、伪军、劣绅等用敲诈勒索来的不义之财胡乱挥霍，逛窑子、吸鸦片、聚赌成风。当时澡堂子的浴客有"三多"，即患花柳病（性病）的多、吸鸦片的多、赌棍多。他们仗势欺人，很难伺候，稍有不周，澡堂即有被砸的危险，打人骂人更是常有的事。而一些因吸毒嫖赌而倾家荡产的瘾君子和赌棍们则入偷盗之途，澡堂子则成为他们经常光顾的地点之一。特别是冬季忙乱时，他们身穿破衣，混入浴池，洗完澡后将别人的新衣穿走。浴客丢失钱财、手表、衣服、鞋帽的事故几乎每天都有，这种趁忙乱之机作案的手段，使服务员防不胜防。当时澡堂子里都有"财物交柜"的招贴，物品丢失理应由澡堂子负责赔偿，而掌柜的不但不负责任，且连浴巾、用具丢失后也要服务员个人或集体负责赔偿。这对收入微薄的澡堂雇工无疑是很大的经济压力。因此，员工们无时不在提心吊胆中苦度春秋。

图书在版编目（CIP）数据

老店老馆不老情 / 刘未鸣，韩淑芳主编. —北京：
中国文史出版社，2019.10

（纵横精华. 第三辑）

ISBN 978 - 7 - 5205 - 1367 - 8

Ⅰ. ①老… Ⅱ. ①刘… ②韩… Ⅲ. ①老字号—史料
—中国—近现代 Ⅳ. ①F279.24

中国版本图书馆 CIP 数据核字（2019）第 223682 号

责任编辑：金硕　孙裕

出版发行：**中国文史出版社**

社　　址：北京市海淀区西八里庄 69 号院　　邮编：100142

电　　话：010 - 81136606　81136602　81136603　81136605（发行部）

传　　真：010 - 81136655

印　　装：北京新华印刷有限公司

经　　销：全国新华书店

开　　本：787 × 1092　1/16

印　　张：12.75

字　　数：157 千字

版　　次：2020 年 1 月北京第 1 版

印　　次：2020 年 1 月第 1 次印刷

定　　价：38.00 元

文史版图书，版权所有，侵权必究。

文史版图书，印装错误可与发行部联系退换。